Seyedeh Zahra Arfaei

Andaimes e oralidade

Seyedeh Zahra Arfaei

Andaimes e oralidade

ScienciaScripts

This book is a translation from the original published under ISBN 978-3-330-35227-8.

Publisher:
Sciencia Scripts
is a trademark of
Dodo Books Indian Ocean Ltd. and OmniScriptum S.R.L publishing group

120 High Road, East Finchley, London, N2 9ED, United Kingdom
Str. Armeneasca 28/1, office 1, Chisinau MD-2012, Republic of Moldova, Europe
Printed at: see last page
ISBN: 978-620-7-67181-6

Para a grande alma da minha querida mãe

Prefácio

Uma das estratégias eficazes na aprendizagem de línguas é conhecida como andaime. Trata-se de um dos conceitos introduzidos por Vygotsky (1978). O andaime pode ajudar os aprendentes a diminuir a distância entre o seu nível de desenvolvimento real e o seu desenvolvimento potencial através da resolução de problemas com a orientação de adultos ou de pares. Isto é feito através de uma série de estratégias, tais como recrutar o interesse dos alunos, reduzir as suas escolhas, manter a sua orientação para os objectivos, realçar os aspectos críticos da tarefa, controlar a sua frustração e demonstrar-lhes os caminhos da atividade (Wood, Bruner & Ross, 1976). Segundo Pressley et al. (1998), os professores que fornecem as estratégias de aprendizagem desejadas ou as tarefas centradas no aluno e os colegas avançados que ajudam os alunos com fraco aproveitamento no processo de aprendizagem criam efetivamente condições para que os alunos construam novas estruturas de conhecimento.

Para muitos estudantes, o reconhecimento e a utilização das formas tradicionais de ensino das línguas são os aspectos mais frustrantes e difíceis da sua experiência de aprendizagem das línguas, uma vez que não conseguem obter um conhecimento suficiente das competências linguísticas ou das matérias. Por conseguinte, o estudo procurou encontrar as melhores formas de ensinar a expressão oral utilizando andaimes. Por outras palavras, neste estudo, o objetivo era comparar as estratégias de andaimes interactivos e interventivos utilizados como complemento pedagógico no desenvolvimento da capacidade de expressão oral dos alunos iranianos de EFL.

Zahra Arfaei

junho de 2017 - Teerão

Índice

Capítulo 1
Introdução

Falar é a articulação sistemática de enunciados verbais com o objetivo de transmitir um significado. É "um processo interativo de construção de significado que envolve a produção, a receção e o processamento de informação" (Florez, 1999, p. 1). É "frequentemente espontâneo, aberto e evolutivo" (p. 1), mas não é completamente imprevisível. Falar numa segunda língua tem um grande valor para os aprendentes de línguas, uma vez que a sua proficiência na aprendizagem de línguas é frequentemente medida pelas competências produtivas, especialmente a capacidade de falar. De acordo com Richards (2008), a expressão oral é a principal competência para avaliar a eficácia de um curso, uma vez que é um meio para se perceber a proficiência noutras competências e subcompetências linguísticas. Haung (2006) afirma que os falantes não nativos consideram que falar na língua-alvo é uma das tarefas mais exigentes e cruciais do seu quotidiano. Além disso, Ferris e Tag (1996) mencionaram que mesmo os aprendentes de línguas altamente proficientes não estão satisfeitos com as suas competências de expressão oral e procuram oportunidades para melhorar a sua capacidade de expressão oral. Tendo em conta estes factos, a expressão oral pode ser considerada como uma das áreas mais estudadas e discutidas da linguística aplicada.

De acordo com Richards (2008), no que respeita ao ensino da oralidade, devem ser consideradas três questões. Em primeiro lugar, é necessário tomar uma decisão sobre os tipos de competências de expressão oral na aula com base em questionários, entrevistas e testes de diagnóstico. Em segundo lugar, devem ser identificados os tipos de estratégias de ensino para ensinar a oralidade. A terceira questão refere-se à caraterização do nível esperado de desempenho dos alunos na oralidade e aos critérios de avaliação do seu desempenho. Os aprendentes mais bem sucedidos têm em conta os seus próprios objectivos, necessidades e fases de aprendizagem e utilizam as estratégias de aprendizagem adequadas, cujos modos são mais ajustados a eles. Parece que os alunos mais bem sucedidos utilizam um leque mais vasto de estratégias num grande número de situações do que os alunos menos bem sucedidos.

O andaime, enquanto estratégia de ensino, é uma ferramenta importante para contribuir para o processo de aprendizagem, uma vez que oferece oportunidades aos alunos para resolverem os seus problemas de aprendizagem (Poorahmadi, 2009). O procedimento para a apresentação de andaimes deve ser feito de forma sistemática, tendo em conta as necessidades dos alunos e o seu nível atual de desenvolvimento; deve ser gradualmente reduzido à medida que o professor assegura que os alunos se tornaram independentes na sua aprendizagem (Berk, 2002).

O andaime é, de facto, uma ponte utilizada para construir sobre o que os alunos já sabem para chegar a algo que não sabem. Se os andaimes forem corretamente administrados, actuarão como um facilitador e não como um desabilitador" (Benson, 1997, p. 28). O andaime é definido operacionalmente como um conjunto de estratégias que o professor utiliza para ajudar os alunos a progredir gradualmente.

Lontolf e Poehner (2003) propuseram os termos intervencionista e interaccionista para descrever os dois tipos gerais de mediação que os investigadores podem disponibilizar. A interaccionista segue a preferência de Vygotsky pelo diálogo cooperativo. Nesta abordagem interaccionista, a assistência emerge da interação entre o aprendente e o mediador e, por conseguinte, é extremamente sensível à ZPD (Zona de Desenvolvimento Proximal) dos aprendentes. As abordagens intervencionistas seguem uma via quantitativa que se presta mais a orientações psicométricas e se aproxima mais de certas formas de avaliação (Poehner & Lontolf, 2003).

Uma das áreas problemáticas para os aprendentes de línguas é o desenvolvimento da proficiência oral e da expressão oral. Muitas vezes, os alunos não conseguem compreender as actividades e os padrões de oralidade dos manuais escolares. São confrontados com o desafio de extrair significado do conteúdo. Além disso, a incapacidade dos alunos de línguas para participarem nas interacções e debates na aula influencia negativamente a sua autoconfiança e o seu desempenho no processo de aprendizagem da língua.

Os professores, por outro lado, estão preocupados com a forma de proporcionar situações que diminuam as conversas dos professores e aumentem as conversas dos alunos. Os professores são obrigados a dar uma grande quantidade de instruções, uma vez que são pressionados a cumprir o programa curricular. Este facto pode exercer pressão sobre os alunos, diminuir a sua motivação e bloquear o seu progresso. Vale a pena utilizar uma técnica que ajude a criar condições tanto para os professores como para os alunos, de modo a tirar partido do tempo de aula e a diminuir a pressão. Parece que os andaimes podem dividir a tarefa de aprendizagem entre o professor, o aluno e os colegas na área da compreensão da leitura.

O domínio da capacidade de falar em inglês é uma prioridade para muitos aprendentes de uma segunda língua ou de uma língua estrangeira. O conhecimento profundo das estratégias orais ajuda os aprendentes de línguas estrangeiras a negociar o significado e a resolver os seus problemas de comunicação. As estratégias de aprendizagem de línguas, como acções específicas tomadas pelo aprendente para tornar a aprendizagem mais fácil, mais rápida e mais transferível para novas situações, sempre foram um fator influente para aumentar o nível de desempenho dos aprendentes de línguas (Oxford, 1990). Os estudos anteriormente realizados indicam que outros factores, para além das estratégias, podem desempenhar um papel na escolha, utilização e transferência das estratégias pelos aprendentes em contextos de comunicação difíceis (Oxford & Nyikos, 1989; Oxford & Ehrman, 1995).

A utilização de estratégias de andaimes garantiria aos alunos de EFL a experiência de uma forma eficaz de aprender a falar para os alunos de EFL, uma vez que são contextualizadas, proporcionam sentidos profundos de utilização da língua e são baseadas na sala de aula do aluno, uma vez que a compreensão oral é o resultado dos esforços do aluno.

O andaime permite aos professores conhecer o nível de desempenho atual dos alunos e o seu potencial de aprendizagem. Podem prescrever diferentes planos de aprendizagem individuais para alunos com diferentes necessidades de aprendizagem. Por outras palavras, dois alunos com as mesmas pontuações não dinâmicas, mas com um potencial de aprendizagem alto e baixo, podem ser tratados de forma diferente. O aluno com um baixo potencial de aprendizagem deve dispor de estratégias de aprendizagem e de processamento de informação; do mesmo modo, o professor pode preparar planos diferentes para cada aluno.

Capítulo 2
Andaimes

O termo 'andaime' tem origem nos trabalhos de Wood, Bruner e Ross (1976). Foi desenvolvido como uma metáfora para descrever o tipo de assistência oferecida por um professor ou um colega para apoiar a aprendizagem. No processo de "scaffolding", o professor ajuda o aluno a dominar uma tarefa ou um conceito que o aluno não consegue inicialmente compreender de forma autónoma. O professor oferece assistência apenas nas competências que estão para além da capacidade do aluno. Mais importante ainda, permitir que o aluno complete o máximo possível de tarefas sem assistência é uma caraterística significativa. É de esperar que o aluno cometa erros, mas, com o feedback do professor e a sua orientação, o aluno é capaz de realizar a tarefa ou o objetivo. Quando o aluno assume a responsabilidade ou domina a tarefa, o professor inicia o processo de "desvanecimento", ou a remoção gradual do andaime, o que permite ao aluno trabalhar de forma independente. Os andaimes são, de facto, uma ponte utilizada para construir sobre o que os alunos já sabem para chegar a algo que não sabem. Se o andaime for corretamente administrado, actuará como um facilitador e não como um desactivador (Benson, 1997, p. 18).

De acordo com Benson (1997), existem muitas ferramentas de facilitação diferentes, tais como dividir a tarefa em partes mais pequenas e mais fáceis de gerir, utilizar o "pensar em voz alta", verbalizar os processos de pensamento quando se completa uma tarefa, a aprendizagem cooperativa, o diálogo entre pares, sugestões concretas, questionamento, treino e cartões de sugestões ou modelação que promovem o trabalho de equipa e podem ser utilizados para apoiar a aprendizagem dos alunos. Outros podem incluir a ativação de conhecimentos de base, dando dicas, estratégias, sugestões e procedimentos. Os professores têm de ter em atenção a necessidade de manter o aluno na prossecução da tarefa, minimizando o seu nível de stress. Competências ou tarefas demasiado fora do alcance podem levar um aluno ao seu nível de frustração, e tarefas demasiado simples podem causar o mesmo efeito.

Relativamente às questões colocadas por Benson (1997), cada método de facilitação utilizado é escolhido como uma ferramenta de instrução adaptada individualmente. Os professores têm de manter um diálogo aberto com os alunos para determinar o que e como estão a pensar, a fim de esclarecer ideias erradas e individualizar a instrução. Um fator crucial para o sucesso do scaffolding é a compreensão dos conhecimentos e capacidades prévios do aluno. O professor deve verificar o que o aluno já sabe, para que possa ser ligado ao novo conhecimento e tornar-se relevante para a vida do aluno, aumentando assim a motivação para aprender.

Andaime macio

Os andaimes flexíveis são ajudas dinâmicas e específicas para cada situação, fornecidas por um professor ou por um colega para ajudar no processo de aprendizagem. Estes andaimes requerem que os professores façam um diagnóstico contínuo da compreensão dos alunos e prestem apoio atempado com base nas respostas dos alunos. Este tipo de assistência é geralmente prestado "on the-fly", em que o professor monitoriza os progressos que os alunos estão a fazer enquanto estão envolvidos numa atividade de aprendizagem e intervém quando é necessário apoio ou orientação. Por exemplo, se os alunos não conseguirem discernir as diferenças entre as mensagens de duas figuras dos direitos civis, um professor de estudos sociais pode ajudá-los a refletir mais profundamente sobre os textos, fazendo perguntas como: "O que é que John Lewis quer dizer quando diz _____________________ ? Porque é que acham que ele usa essa palavra _____________________ ? O que é que encontra palavras semelhantes no discurso de Martin Luther King? Notam alguma diferença entre o seu tom e o de King (Saye e Brush, 2004)?" Quando os alunos descobrirem que existem diferenças, o professor pode remetê-los para outros documentos que os possam ajudar a compreender as origens dessas diferenças.

Andaime rígido

Em contrapartida, os hard scaffolds são apoios estáticos que podem ser previstos e planeados antecipadamente com base nas dificuldades típicas dos alunos numa tarefa.

Estas estruturas de apoio podem ser incorporadas em software multimédia e hipermédia para dar apoio aos alunos enquanto estes utilizam o software (Kao, Lehman & Cennamo, 1996). Por exemplo, Jacobson et al. (1996) integraram hiperligações numa base de dados sobre tecnologia e o século XX, a fim de fornecer aos alunos ligações conceptuais entre a informação contida na base de dados. Os resultados da sua investigação demonstraram que os alunos adquiriram uma compreensão mais profunda do conteúdo pedagógico quando lhes foram fornecidas estas ligações conceptuais, ao contrário dos alunos que exploraram a base de dados livremente.

Zona de Desenvolvimento Proximal (ZPD) de Vygotsky

Inerente à instrução em andaimes está a ideia de Lev Vygotsky (1978) da zona de desenvolvimento proximal. Vygotsky (1978) sugere que existem duas partes do nível de desenvolvimento de um aluno: o "nível de desenvolvimento efetivo" e o "nível de desenvolvimento potencial". A zona de desenvolvimento proximal é "a distância entre os níveis de desenvolvimento efetivo, determinado pela resolução independente de problemas, e o nível de desenvolvimento potencial, determinado pela resolução de problemas sob a orientação de um adulto ou em colaboração com colegas mais capazes" (Vygotsky, 1978, p. 86). A zona de desenvolvimento proximal (ZPD) também pode ser descrita como a área entre o que um aluno pode fazer sozinho e o que pode ser alcançado com a ajuda de um 'outro mais conhecedor', um adulto ou um colega. O "outro mais conhecedor", ou MKO, partilha conhecimentos com o aluno para colmatar a lacuna entre o que se sabe e o que não se sabe. Uma vez que o aluno tenha alargado os seus conhecimentos, o nível de desenvolvimento real foi alargado e a ZPD mudou. A ZPD está sempre a mudar à medida que o aluno se expande e adquire conhecimentos, pelo que o ensino em andaimes deve ser constantemente individualizado para responder à ZPD em mudança de cada aluno.

Vygotsky acreditava que a "boa aprendizagem" ocorre na zona de desenvolvimento proximal da criança. Importante para o ensino na ZPD é determinar o que o aluno consegue fazer sozinho e permitir que ele faça o máximo possível sem qualquer ajuda. O "desvanecimento" é o processo de remover gradualmente os andaimes que foram colocados no lugar da criança até desaparecerem completamente. Eventualmente, a criança interioriza a informação e torna-se um aprendiz auto-regulado e independente (para uma análise mais aprofundada das teorias de Vygotsky e dos seus trabalhos relacionados com a ZPD e o MKO, ver o capítulo deste e-book intitulado Construcionismo de Vygotsky).

Para Poehner e Lantolf (2003), o conceito central da ZPD, e o conceito central da teoria da mente de Vygotsky, é a *mediação*. Afirmam que as formas de pensamento social e culturalmente derivadas são formas superiores que emergem como consequência da nossa interação com outros indivíduos e com artefactos físicos e simbólicos (por exemplo, livros, papel) em diferentes momentos. Assim, de acordo com Poehner e Lantolf (2003), a nossa relação com o mundo não é direta, mas sim *mediada*. No seu trabalho sobre o problema da idade no desenvolvimento, Vygotsky argumenta contra a visão geral de que a resolução independente de problemas é a única indicação válida do funcionamento mental, sugerindo que esta revela apenas parte das capacidades mentais de uma pessoa, o seu nível de desenvolvimento real (Lantolf e Thorn, 2006; Poehner e Lantolf, 2003). De facto, Vygotsky acredita que "a determinação do nível de desenvolvimento real não só não abrange todo o quadro do desenvolvimento, como, muito frequentemente, abrange apenas uma parte insignificante do mesmo" (Vygotsky 1998, como citado em Poehner e Lantolf, 2003, p. 2).

Para Vygotsky, a reatividade à assistência é uma caraterística indispensável para a compreensão da capacidade cognitiva, porque fornece uma visão do desenvolvimento futuro da pessoa. Ou seja, o que o indivíduo é capaz de fazer num dia com ajuda, será capaz de fazer amanhã sozinho.

Até que os alunos consigam demonstrar o domínio de tarefas novas ou difíceis, recebem mais assistência ou apoio de um professor ou de uma pessoa com mais conhecimentos (MKO). medida que o aluno se aproxima do domínio da tarefa, a assistência ou o apoio são gradualmente reduzidos, de modo a transferir a responsabilidade pela aprendizagem do MKO para o aluno (Larkin, 2002). Zhao e Orey (1999) resumem, "o andaime é uma metáfora para caraterizar um tipo especial de processo de instrução que funciona numa situação de partilha de tarefas entre o professor e o aluno". Os autores delineam ainda esta ideia básica em dois aspectos-chave (ou regras): "(a) ajudar o aluno com os aspectos da tarefa que o aluno ainda não consegue gerir; e (b) permitir que o aluno faça o máximo que puder sem ajuda" (p. 6).

Características da instrução em andaimes

Lange (2002) afirma que há duas etapas principais envolvidas no processo de andaimes pedagógicos: (1) "desenvolvimento de planos pedagógicos para levar os alunos a partir do que já sabem para uma compreensão profunda do novo material" e (2) "execução dos planos, em que o instrutor dá apoio aos alunos em cada etapa do processo de aprendizagem". Num processo de andaimes adequado, existem características específicas identificáveis que permitem facilitar a assistência ao aluno na interiorização do conhecimento até ao seu domínio. Applebee e Langer (1983), citados por Zhao e Orey (1999), identificam estas cinco características como

- Intencionalidade: A tarefa tem um objetivo global claro que orienta qualquer atividade separada que possa contribuir para o todo.

- Adequação: As tarefas de ensino colocam problemas que podem ser resolvidos com ajuda, mas que os alunos não conseguiriam resolver sozinhos.

- Estrutura: As actividades de modelação e interrogação são estruturadas em torno de um modelo de abordagens adequadas à tarefa e conduzem a uma sequência natural de pensamento e linguagem.

- Colaboração: A resposta do professor ao trabalho dos alunos reformula e expande os esforços dos alunos sem rejeitar o que eles realizaram por si próprios. O papel principal do professor é o de colaborador e não o de avaliador.

- Internalização: Os andaimes externos para a atividade são gradualmente retirados à medida que os padrões são interiorizados pelos alunos (p. 6).

Larkin (2002) afirma que o scaffolding é um dos princípios da instrução eficaz que permite aos professores adaptarem-se às necessidades individuais dos alunos. De acordo com esta teoria, pode ver-se que a instrução também deve ser adaptada em torno da instrução contingente, que é um termo identificado por Reichgerlt, Shadbolt, Paskiewica, Wood e Wood (1993). O professor ou o MKO apercebe-se de que a quantidade de apoio pedagógico dado depende do resultado da assistência anterior. Se um aluno não consegue realizar uma tarefa após uma intervenção do MKO, é-lhe imediatamente dada uma diretiva mais específica. Da mesma forma, se o aluno for bem sucedido com uma intervenção, ser-lhe-á dada uma diretiva menos explícita da próxima vez que precisar de ajuda. Em seguida, o professor ou MKO deve reconhecer que a intervenção pedagógica deve ser específica para a tarefa que o aluno está a tentar realizar. Por fim, o professor deve ter em conta que o aluno deve ter tempo suficiente para aplicar a diretiva ou para experimentar um novo movimento antes de lhe ser fornecida uma intervenção adicional. Podemos explorar este tipo de instrução através do cenário introdutório sobre o estudo das comunidades pela turma da Sra. Maddox.

No nosso cenário, a Sra. Maddox mostrou intencionalidade ao proporcionar actividades aos seus alunos para melhorar o estudo das comunidades rurais, urbanas e suburbanas. A professora baseou-se nos conhecimentos prévios sobre a zona rural, recordando aos alunos as características da zona em que vivem. De seguida, apresentou as comunidades urbanas e suburbanas através de uma visita de estudo a Atlanta, um ambiente urbano. Os alunos também experimentaram as comunidades suburbanas, passando de carro por várias dessas áreas a caminho de Atlanta.

A adequação foi demonstrada pela escolha de projectos para os seus alunos. Embora oferecesse aos alunos a possibilidade de escolha, estes estavam limitados pelo seu menu de projectos. As suas selecções foram feitas incluindo apenas aqueles que os alunos não conseguiam completar com sucesso sozinhos. Por outras palavras, os projectos estão para além da sua zona de desenvolvimento proximal.

A estrutura das actividades de modelação e questionamento fornece aos alunos abordagens adequadas às tarefas. A Sra. Maddox utiliza a verbalização para Patrick, bem como a modelação. Depois, é-lhe permitido tornar-se um tutor de pares para expandir os seus conhecimentos.

Capítulo 3
Diferentes tipos de andaimes

As estratégias de apoio podem ser geralmente consideradas como abrangendo um continuum de estratégias de apoio baixo a alto, o que serve para diferenciar a quantidade de apoio que o adulto fornece à criança enquanto está envolvida numa determinada tarefa. Os níveis baixos de apoio, com níveis mínimos de assistência do adulto, são as estratégias de apoio fornecidas quando a criança está quase a amadurecer numa determinada área de desenvolvimento ou competência; estas incluem estratégias como a generalização, o raciocínio e a previsão (O'Connor et al., 2005). Os níveis elevados de apoio são as estratégias que incluem uma assistência mais estruturada por parte do adulto, tipicamente fornecidas quando a criança está apenas a começar a demonstrar uma competência e necessita de muito apoio para completar uma tarefa (Norris e Hoffman, 1990), incluindo, por exemplo, a solicitação, a redução das escolhas e a coparticipação.

Andaimes de instrução: Uma estratégia de ensino

Os andaimes são estruturas temporárias que apoiam fisicamente os trabalhadores enquanto estes efectuam trabalhos que de outra forma seriam impossíveis. Os andaimes proporcionam aos trabalhadores um local de trabalho e os meios para chegarem a áreas de trabalho às quais não conseguiriam aceder sozinhos (Herber e Herber, 1993). Os andaimes pedagógicos são uma estratégia de ensino que recebeu um nome inteligente devido à sua semelhança prática com os andaimes físicos utilizados nos estaleiros de construção. A estratégia consiste em ensinar novas competências, envolvendo os alunos de forma colaborativa em tarefas que seriam demasiado difíceis de realizar sozinhos. O instrutor fornece inicialmente um apoio pedagógico alargado, ou andaimes, para ajudar continuamente os alunos a compreenderem os novos conteúdos e processos. Quando os alunos interiorizam o conteúdo e/ou o processo, assumem a responsabilidade total pelo controlo do progresso de uma determinada tarefa. Os andaimes temporários fornecidos pelo professor são removidos para revelar a impressionante estrutura permanente da compreensão do aluno (Herber & Herber,

1993).

O andaime pedagógico envolve duas etapas principais. A primeira etapa consiste no desenvolvimento de planos de ensino para conduzir os alunos do que já sabem para uma compreensão profunda do novo material (Turnbull et al., 1999). Os planos de andaimes devem ser redigidos cuidadosamente, de modo a que cada nova competência ou informação que os alunos aprendam sirva como um passo seguinte lógico, com base no que já sabem ou são capazes de fazer. O professor deve preparar-se para avaliar continuamente a aprendizagem dos alunos e para relacionar a nova informação com os conhecimentos prévios dos alunos. A segunda grande etapa do andaime pedagógico é a execução dos planos, em que o professor dá apoio aos alunos em cada etapa do processo de aprendizagem (Turnbull et al., 1999). No início do processo, o professor modela a tarefa na sua totalidade. Depois de observarem o modelo do professor, os alunos começam a praticar de forma guiada, executando partes da tarefa de forma autónoma. O professor ajuda os seus alunos na prática inicial e avalia continuamente a sua aprendizagem. À medida que os alunos adquirem experiência e compreensão de novas informações ou tarefas, o professor aumenta a complexidade das actividades de prática guiada e reduz gradualmente o seu apoio. No final de um plano de andaimes bem executado, os alunos realizam a tarefa completa com pouco ou nenhum apoio do professor (Turnbull et al., 1999).

Existem, de facto, cinco técnicas diferentes de andaimes pedagógicos: modelar os comportamentos desejados, oferecer explicações, convidar à participação dos alunos, verificar e clarificar a compreensão dos alunos e convidar os alunos a contribuir com pistas (Hogan & Pressley, 1997). Estas técnicas podem ser integradas ou utilizadas individualmente, dependendo do material que está a ser ensinado. O objetivo do professor ao empregar técnicas de andaimes é oferecer assistência suficiente para orientar os alunos para a independência e a autorregulação.

A modelação é geralmente o primeiro passo na estruturação do ensino. É definida como "um comportamento de ensino que mostra como se deve sentir, pensar ou agir numa determinada situação" (Hogan & Pressley, 1997, p. 20). Existem três tipos de modelação: modelação de pensamento em voz alta, modelação de conversa em voz alta e modelação de desempenho. A modelação de pensamento em voz alta é a verbalização do processo de pensamento utilizado para resolver um determinado problema. Por exemplo, um instrutor pode verbalizar as suas estratégias para encontrar a ideia principal de um parágrafo. Por outro lado, a modelagem em voz alta é uma demonstração da conclusão da tarefa acompanhada pela verbalização do processo de pensamento ou da estratégia de resolução de problemas que levou o modelador à sua conclusão. Por exemplo, um professor pode descrever verbalmente as suas estratégias enquanto demonstra a solução escrita de um problema de palavras. Por fim, a modelação do desempenho é simplesmente a demonstração da tarefa a ser realizada. Por exemplo, um instrutor pode modelar a leitura silenciosa sustentada lendo um livro e mexendo os lábios, sorrindo numa parte engraçada da história, passando o dedo ao longo das linhas do texto enquanto lê, etc. A modelação do desempenho não implica qualquer explicação verbal (Hogan & Pressley, 1997).

Além da modelagem, é extremamente importante que o instrutor ofereça explicações, que devem ser "afirmações explícitas ajustadas para se adequarem às compreensões emergentes dos alunos sobre o que está a ser aprendido (conhecimento declarativo ou preposicional), por que e quando é usado (conhecimento condicional ou situacional) e como é usado (conhecimento processual)" (Hogan & Pressley, 1997, p. 17). No início da instrução, as explicações são completas e podem ser repetidas. À medida que os alunos ganham experiência, as explicações consistem apenas em dicas ou palavras-chave, que levam os alunos a recordar informações importantes. Eventualmente, as explicações são totalmente eliminadas (Hogan e Pressley). Por exemplo, um instrutor pode começar uma unidade sobre divisão de fracções com uma explicação completa sobre fracções compostas, recíprocas e operações inversas. O professor pode ter de reformular ou repetir esta explicação exaustiva várias vezes durante a prática guiada. À medida que os alunos ganham experiência, o professor pode limitar as suas explicações a palavras simples como "recíproco" e "operação" para chamar a atenção dos alunos quando estes se esquecem ocasionalmente do passo seguinte no processo.

Particularmente nas fases iniciais do scaffolding, um instrutor deve convidar o aluno a participar na tarefa em causa. Esta prática envolve o aluno na aprendizagem e permite-lhe apropriar-se da experiência de aprendizagem (Hogan & Pressley, 1997). Por exemplo, um professor pode escrever o ponto decimal no quadro e depois pedir a um aluno que identifique o passo seguinte na conversão de uma fração em decimal. O aluno pode ser convidado a participar verbalmente ou pode ser-lhe pedido que se dirija ao quadro e contribua com as suas ideias ou estratégias por escrito. Em vez de pedir a participação direta de um aluno, um instrutor pode apoiar a aprendizagem pedindo aos alunos que contribuam com pistas ou ideias (Hogan e Pressley, 1997). Quando os alunos contribuem com as suas ideias sobre um tópico ou competência, o professor pode acrescentar as suas próprias ideias para orientar a discussão. Se os conhecimentos dos alunos estiverem incorrectos ou apenas parcialmente correctos, o professor pode corrigi-los e adaptar as suas explicações com base no que os alunos trouxeram para a discussão (Hogan & Pressley, 1997).

medida que os alunos adquirem experiência com o novo material, é importante que o professor avalie continuamente a sua compreensão e ofereça feedback. "Verificar e clarificar a compreensão do aluno" é essencialmente oferecer feedback afirmativo para compreensões razoáveis, ou feedback corretivo para compreensões não razoáveis (Hogan & Pressley, 1997). Por exemplo, um professor pode afirmar a compreensão de um aluno das operações inversas como opostos. Pode depois clarificar a compreensão de um aluno que identificou a adição e a multiplicação como operações inversas.

As técnicas de andaime são utilizadas em conjunto com materiais didácticos de andaime. Estes materiais enquadram-se numa das seguintes categorias: andaimes de receção, andaimes de transformação ou andaimes de produção. Os andaimes de receção ajudam os alunos a recolher eficazmente informação das fontes disponíveis. Mantêm a atenção do aluno concentrada em informações importantes e levam o aluno a organizar e registar o que vê. Por exemplo, pode ser fornecido aos alunos que estão a aprender sobre o sistema métrico um organizador gráfico semelhante a uma teia, chamado mapa concetual. O mapa concetual solicita aos alunos que coloquem questões específicas e fornece-lhes uma estrutura para organizarem as suas respostas. Enquanto os andaimes de receção ajudam o aluno a identificar a estrutura já presente numa determinada fonte, os andaimes de transformação ajudam o aluno a impor estrutura à informação. Por exemplo, pode pedir-se a uma criança que esteja a estudar o sistema métrico que classifique as unidades métricas de comprimento, massa e volume em diferentes colunas de um gráfico. O andaime de transformação é o gráfico em branco, que leva o aluno a categorizar a informação de forma lógica. Finalmente, os andaimes de produção são ferramentas que levam o aluno a transmitir o que aprendeu de uma forma eficaz. Por exemplo, um professor pode preparar um esboço ou modelo para ajudar os seus alunos a organizar os seus relatórios de livros (A Scaffolding Strategy, n.d., página "Production Scaffolds"). Os três tipos diferentes de andaimes podem ser integrados ou utilizados individualmente para apoiar a aprendizagem dos alunos.

Com as técnicas e os materiais correctos, um professor pode fornecer o apoio temporário de que as crianças necessitam para crescerem intelectualmente. Este andaime pedagógico permite que as crianças atinjam níveis de compreensão e de domínio das tarefas que, sem ele, seriam inatingíveis. Tal como os andaimes ajudam os trabalhadores a concluir trabalhos difíceis, os andaimes pedagógicos ajudam as crianças a construir uma compreensão sólida de tópicos académicos difíceis.

Elementos gerais da instrução em andaimes

A instrução com andaimes pode ser analisada para aplicação através dos seus seis elementos gerais. Zhao e Orey (1999) identificam estas seis características gerais do processo de andaimes como: partilha de um objetivo específico, abordagem de toda a tarefa, disponibilidade imediata de ajuda, intenção de ajudar, nível ótimo de ajuda e transmissão de um modelo especializado.

Partilhar um objetivo específico

É da responsabilidade do professor estabelecer o objetivo partilhado. No entanto, os interesses do aluno devem ser recrutados ou alistados através da capacidade do professor para comunicar com o aluno e alcançar a intersubjetividade (partilha de intenções, percepções, sentimentos e concepções) (Zhao & Orey, 1999). O professor deve efetuar uma pré-avaliação do aluno e do currículo. A realização dos objectivos curriculares é planeada à medida que o professor considera as necessidades de cada aluno. O professor deve ter em conta algumas das técnicas de resolução de problemas únicas, invulgares e muitas vezes ineficazes que as crianças utilizam. Tal como foi discutido no capítulo sobre os Seis C's da motivação, permitir que o aluno dê o seu contributo para o objetivo partilhado aumentará a motivação intrínseca. Também ajudará a controlar o nível de frustração do aluno, uma vez que ele sentirá que os seus interesses foram validados. Ajudará o aprendente a estabelecer um desejo de dominar o objetivo em que o sucesso depende da sua própria capacidade de desenvolver novas competências. Desta forma, o próprio processo de aprendizagem é valorizado e a obtenção do domínio é vista como estando diretamente relacionada com o esforço realizado.

Abordagem de toda a tarefa

Na Abordagem da Tarefa Completa, o foco está no objetivo global a ser alcançado ao longo de todo o processo. Consequentemente, a tarefa é aprendida como um todo e não como um conjunto de subcompetências individuais. Cada caraterística da lição é aprendida na medida em que se relaciona com a tarefa completa. Esta abordagem reduz a quantidade de conhecimento passivo por parte do aprendente e a necessidade de transferência não é tão grande. É de notar que esta abordagem só é eficaz se o aluno não tiver dificuldades extremas com qualquer uma das competências necessárias para completar a tarefa completa. Imaginemos como seria difícil ensinar uma criança a dizer as horas se ela não conseguisse identificar os números de 1 a 12.

Disponibilidade imediata de ajuda

O sucesso frequente é importante no processo de scaffolding, especialmente para ajudar a controlar os níveis de frustração do aprendente. Os êxitos dos alunos podem ser mais frequentes se o MKO prestar assistência de forma atempada e eficaz, de modo a permitir que o aluno prossiga com a tarefa. Estes sucessos, por sua vez, ajudam a aumentar a motivação através de uma auto-eficácia positiva e tornam o tempo e o esforço do aluno mais produtivos. Este procedimento corresponde diretamente à primeira regra de andaimes definida por Zhao e Orey (1999), que consiste em ajudar o aprendente nas tarefas que ele ainda não é capaz de realizar sozinho.

Assistência à intenção

É fundamental para o processo de andaimes prestar assistência ao foco atual do aprendente, ajudando-o assim nas suas dificuldades actuais. Ao fornecer esta ajuda imediata com a tarefa atual em mãos, é promovido um ambiente de aprendizagem mais produtivo, porque a informação foi relacionada e conferida de acordo com o foco do aluno, mantendo-o na prossecução da tarefa. No entanto, é muitas vezes necessário redirecionar as intenções do aprendente se estas não representarem uma estratégia eficaz para a realização da tarefa. O professor ou o MKO devem estar conscientes de que existem várias formas de realizar uma determinada tarefa. Se o caminho atual do aluno for eficaz, deve ser aceite, pois a essência do andaime é ajudar o aluno a avançar com o mínimo de assistência possível. Se o MKO se encontrar constantemente a ajudar um formando com intenções de baixo nível, pode ser uma boa ideia recorrer à orientação como estratégia para ajudar o formando a progredir. Isto é benéfico na medida em que ajuda o aluno a examinar a tarefa de uma perspetiva diferente, de modo a encorajar capacidades de pensamento de nível superior.

Nível ótimo de ajuda

O que o aluno é capaz de fazer deve corresponder ao nível de assistência prestada. Deve ser dada ao aprendente a ajuda suficiente para ultrapassar o obstáculo atual, mas o nível de assistência não deve impedir o aprendente de contribuir e participar no processo de aprendizagem dessa tarefa específica. Por outras palavras, a assistência deve incidir apenas sobre as áreas da tarefa que o aluno não consegue realizar sozinho.

Não deve ser feita qualquer intervenção se a tarefa atual estiver ao alcance das capacidades do aprendente. No entanto, se o aluno não possuir as competências necessárias, é necessário efetuar uma demonstração.

Transmitir um modelo especializado

Um modelo especializado pode fornecer um exemplo explícito da tarefa como a forma especializada de a realizar. As técnicas para realizar a tarefa são claramente expressas. Numa demonstração implícita, a informação é delineada em torno do modelo especializado.

Métodos de ensino de andaimes

Lange (2002) afirma que, com base no trabalho de Hogan e Pressley (1997), existem cinco métodos diferentes de andaimes pedagógicos: modelar os comportamentos desejados, oferecer explicações, convidar os alunos a participar, verificar e clarificar a compreensão dos alunos e convidar os alunos a contribuir com pistas. Estas técnicas são utilizadas para orientar os alunos para a autorregulação e a independência.

O primeiro passo para a criação de andaimes pedagógicos é normalmente a modelação. Lange (2002) cita Hogan e Pressley (1997) que definem a modelação como "o ensino de comportamentos que mostram como se deve sentir, pensar ou agir numa determinada situação". Existem três tipos de modelação. A modelação de pensamento em voz alta dá substância auditiva aos processos de pensamento associados a uma tarefa. Por exemplo, um professor pode verbalizar os seus processos de pensamento para decompor uma palavra desconhecida nas suas partes para que possa ser lida. A modelação em voz alta envolve a verbalização do processo de pensamento ou da estratégia de resolução de problemas enquanto se demonstra a tarefa. Um exemplo seria um professor descrever verbalmente os seus processos de pensamento enquanto demonstra a forma correcta de subtrair números de dois dígitos no quadro. Por último, existe a modelação do desempenho. A modelação do desempenho não requer instruções verbais. Por exemplo, um treinador de basebol pode mostrar a um dos seus jogadores como passar por baixo de uma bola para a apanhar (Lange, 2002).

Para além de modelar, o instrutor precisa de dar explicações. Estas explicações devem abordar abertamente a compreensão do aprendente sobre o que está a ser aprendido, porquê e quando é utilizado, e como é utilizado (Lange, 2002). No início, as explicações são pormenorizadas e abrangentes e são repetidas com frequência. À medida que o aluno progride nos seus conhecimentos, as explicações podem consistir apenas em palavras-chave e sugestões para ajudar o aluno a lembrar-se de informações importantes. Por exemplo, ao ensinar as crianças a identificar os adjectivos numa frase, o professor terá de conduzir as crianças através da aprendizagem da definição detalhada de um adjetivo no início. O professor pode ter de repetir ou reformular esta explicação detalhada muitas vezes durante a prática guiada. À medida que os alunos ganham experiência, o professor pode simplesmente pedir-lhes palavras como "que tipo", "qual" e "quantos".

Lange (2002) aborda em seguida o convite à participação dos alunos, especialmente nas fases iniciais do andaime. Esta técnica aumenta o empenhamento e a participação dos alunos no processo de aprendizagem. Também dará ao professor a oportunidade de enfatizar ou corrigir a compreensão da tarefa. Isto leva-nos a verificar e clarificar os conhecimentos dos alunos. À medida que os alunos se familiarizam com o novo material, é fundamental que o professor avalie a sua compreensão e dê feedback positivo e corretivo. Larkin (2002) sugere que os professores podem seguir algumas técnicas efectivas de andaimes:

- Comece por aumentar a confiança.
- Apresentar primeiro aos alunos as tarefas que podem realizar com pouca ou nenhuma ajuda. Isto irá melhorar a auto-eficácia.
- Prestar assistência suficiente para permitir que os alunos alcancem rapidamente o sucesso. Isto ajudará a reduzir os níveis de frustração e a garantir que os alunos se mantêm motivados para avançar para o passo seguinte. Isto também ajudará a evitar que os alunos desistam devido a repetidos fracassos.

- Ajudar os alunos a "integrarem-se". Os alunos podem, de facto, trabalhar mais se sentirem que se assemelham aos seus colegas.
- Evitar o tédio. Uma vez aprendida uma competência, não a trabalhe demasiado.
- Procurar indícios de que o aluno está a dominar a tarefa. Os andaimes devem ser retirados gradualmente e depois completamente quando o domínio da tarefa for demonstrado.

Aplicações dos andaimes

O andaime é utilizado numa grande variedade de situações. As mães empregam naturalmente esta abordagem quando ensinam os seus filhos a viver e a desfrutar do seu mundo. Os professores, desde crianças a adultos, apreciam a necessidade e o aumento da aprendizagem proporcionado pela utilização destas técnicas. Os contextos educativos não tradicionais, como os cenários de formação empresarial e as equipas desportivas, também utilizam estes métodos para garantir o sucesso dos seus empregados e/ou membros. Os professores e formadores podem mesmo utilizar as técnicas e estratégias de andaimes sem sequer saberem o nome deste método útil. Trata-se de uma abordagem muito natural para garantir a aprendizagem do aluno.

Pré-escolar

Morelock, Brown e Morrissey (2003) observaram no seu estudo que as mães adaptam os seus andaimes às capacidades percebidas dos seus filhos. As mães apoiam as interacções durante as brincadeiras, modelando ou estimulando os comportamentos que vêem serem demonstrados pela criança ou que estão um pouco além do nível demonstrado. Por exemplo, a criança muito pequena está a brincar com blocos, empilhando-os uns em cima dos outros. A mãe atrai a atenção da criança e mostra-lhe como "construir" um muro ou uma ponte, empilhando-os de uma forma diferente e usando uma pessoa ou um camião de brincar para subir o muro ou passar por cima da ponte. Em seguida, observa e ajuda, se necessário, até que a criança se aproprie da habilidade ou perca o interesse e passe para outra coisa. Tenta novamente da próxima vez que a criança estiver a brincar com os blocos ou tenta outra construção que considere mais atractiva para a criança.

O estudo sugeriu ainda que a mãe adaptará o seu comportamento de apoio às necessidades da criança. Se ela vê que a criança é imaginativa e criativa, então ela vai apoiar para além do nível de habilidade aparente exibido. Por outro lado, se ela perceber que a criança está menos atenta ou apresenta comportamentos que não são fáceis de decifrar, ela irá então demonstrar novas competências em vez de extensões das competências já presentes. Os autores sugerem que este pode ser um possível indicador precoce de sobredotação.

Escola primária

Um professor de matemática do ensino básico está a introduzir a adição de números de dois dígitos. Começa por despertar o interesse dos alunos através de um "gancho", como uma história ou situação interessante. De seguida, reduz o número de passos para o sucesso inicial através da modelação, falando verbalmente sobre os passos enquanto trabalha e permitindo que os alunos trabalhem com ela nos problemas de exemplo. Um retroprojetor é uma excelente ferramenta para esta atividade, porque o professor pode estar de frente para a turma enquanto resolve os problemas. Assim, ela pode captar as pistas não verbais da turma enquanto trabalha. O interesse dos alunos é mantido ao pedir-lhes que forneçam números de dois dígitos para a adição, jogando "Stump the Teacher". A professora aproveita esta oportunidade para modelar mais as competências e apresentar verbalmente o processo à medida que vai resolvendo os problemas.

Os alunos são então autorizados a resolver vários problemas de forma autónoma, enquanto o professor observa e presta assistência sempre que necessário. A taxa de sucesso é aumentada ao proporcionar estas oportunidades graduais de sucesso. Alguns alunos podem necessitar de manipuladores para resolver os problemas e outros podem necessitar de mais "conversas" sobre os procedimentos. Estas estratégias podem ser aplicadas individualmente ou em pequenos grupos.

Podem então ser acrescentados à lição problemas mais difíceis. Será necessária uma modelação e verbalização mais explícita. Alguns alunos serão capazes de trabalhar de forma autónoma, enquanto outros necessitarão de mais assistência e andaimes. A professora começará a diminuir os andaimes assim que tiver a certeza de que os alunos podem efetivamente trabalhar sozinhos.

Graus superiores

Banaszynski (2000) fornece outro exemplo de andaimes didácticos no seu artigo sobre um projeto em que um grupo de alunos de história do oitavo ano no Wisconsin examinou a Guerra Revolucionária de dois pontos de vista - americano e britânico. Começou por orientar os seus alunos na realização de uma série sequencial de actividades, a fim de investigar exaustivamente as reacções opostas às causas da guerra. Depois, os alunos contribuíram para uma cronologia da turma que descrevia em pormenor as causas, acções e reacções.

Banaszynski (2000) descreve a continuação do trabalho: Depois de concluída a cronologia, os alunos foram organizados em grupos e cada grupo efectuou uma análise crítica do material de fonte primária, centrando-se nos esforços que cada lado fez para evitar a guerra. Isto fez com que os alunos começassem a refletir sobre as questões e a forma como cada um dos lados as tratou. O passo seguinte foi fazer uma pergunta: Os colonos tinham razões legítimas para entrar em guerra contra a Grã-Bretanha? [Pedi a cada grupo que escolhesse a posição Patriota ou Lealista e que passasse um dia a pesquisar na Internet fontes primárias e outros materiais que apoiassem as suas posições."

O instrutor continuou a fazer o acompanhamento, entrevistando os grupos para detetar equívocos, necessidade de reorientação ou de novo ensino. Mais tarde, os alunos compararam as pesquisas e escreveram ensaios que foram analisados e avaliados pelos colegas utilizando rubricas; os grupos compuseram então ensaios que incluíam os argumentos mais fortes dos trabalhos individuais. O projeto, diz Banaszynski, foi um enorme sucesso; os alunos começaram a unidade a trabalhar como indivíduos que dependiam dele para a instrução. medida que o trabalho avançava, a estrutura de feedback foi alterada de modo a que os alunos se orientassem uns aos outros e, por sua vez, a si próprios. O papel de Banaszynski na orientação da investigação e na condução das actividades de elaboração de relatórios desvaneceu-se à medida que o projeto prosseguia e os requisitos se tornavam mais complicados. Como resultado, os alunos puderam apreciar o seu domínio dos materiais e das competências.

Educação de adultos e ensino superior

Kao, Lehman e Cennamo (1996) postularam que os andaimes podem ser incorporados em software hipermédia ou multimédia para dar apoio aos alunos durante a utilização do software. Estes autores compreenderam que os andaimes flexíveis são dinâmicos e específicos da situação, fornecidos por um professor ou por um colega, enquanto os andaimes rígidos são estáticos e específicos. Assim, os andaimes duros podem ser antecipados e planeados com base nas dificuldades típicas dos alunos com uma tarefa. Com estes dois aspectos em mente, desenvolveram um software chamado "Decision Point" e testaram-no com um grupo de alunos.

Eles incorporaram três tipos de andaimes rígidos:

1. Andaimes conceptuais: Os andaimes conceptuais ajudaram os alunos a organizar as suas ideias e a ligá-las a informações relacionadas.
2. Andaimes estratégicos específicos: Os andaimes estratégicos específicos foram incluídos para ajudar os alunos a fazer perguntas mais específicas
3. Andaimes de procedimento: Os andaimes processuais foram úteis para clarificar tarefas específicas, como as apresentações.

Exemplos destes tipos de andaimes incorporados incluem: ensaios interactivos, documentos recomendados, guias do aluno, diário do aluno e modelos de storyboard.

Este tipo de software seria muito útil no ensino superior e na educação de adultos, uma vez que é portátil, pode ser utilizado de forma assíncrona e permite uma maior independência aos alunos. Seriam necessárias uma ou duas sessões presenciais iniciais para ensinar os conceitos básicos, estabelecer comunidades de aprendizagem e definir as expectativas e o calendário da turma. Os alunos poderiam então prosseguir ao seu ritmo, trabalhando no âmbito do seu grupo e das expectativas da turma. O instrutor daria feedback aos grupos e aos indivíduos, estaria disponível para prestar assistência e apoiaria os alunos específicos nos seus pontos de necessidade.

Se não estiver disponível software com andaimes incorporados, o instrutor pode proporcionar um ambiente semelhante através de uma sala de aula aberta, na qual os alunos recebem as expectativas e um calendário desde o início. Podem então optar por assistir a aulas presenciais, trabalhar de forma autónoma ou em grupos. Os alunos com mais conhecimentos, bem como o professor, podem então fornecer andaimes dentro e fora da sala de aula. Os andaimes mais difíceis podem ser fornecidos com livros de texto, referências e ligações no sítio Web da turma. O instrutor continuaria a dar feedback sobre os trabalhos e as actividades da turma, estaria disponível para prestar assistência e apoiaria indivíduos ou grupos específicos no momento em que estes necessitassem.

A motivação vem de dentro e baseia-se em objectivos e metas, tais como diplomas avançados, oportunidades de carreira e aumento de salário. A motivação vem de dentro e baseia-se nas metas e objectivos do formando, tais como diplomas avançados, oportunidades de carreira e aumento de salário. Em última análise, o aprendente assume um papel duplo, na medida em que é estudante e instrutor de pares, ao apoiar os seus colegas.

Wilder (2003) escreveu sobre uma forma aberta de experiência de criação de dança que foi apresentada na conferência fundadora de dança comunitária "Moving On 2000" em Sydney, Austrália. Os participantes do primeiro workshop criaram uma peça baseada nos seus esforços de colaboração em "convidar e sobrepor ideias, fazer e ligar ligações, interação de relações e aproveitar a sabedoria colectiva". Os bailarinos voltaram a agrupar-se para workshops sucessivos no âmbito da estrutura da conferência.

Em cada reagrupamento, os participantes ensinaram, apoiaram e colaboraram uns com os outros para desenvolver a peça de dança. Se alguém não compreendesse a camada criada numa oficina anterior, os participantes familiarizados com essa sequência reforçavam-na, começando por verificar se tinham conhecimentos prévios. Depois, modelavam a sequência de dança e pediam aos colegas que a seguissem. Este passo seria repetido várias vezes, depois os "instrutores" afastar-se-iam para observar. As intervenções seriam efectuadas sempre que necessário, até que os principiantes dominassem a sequência.

Os andaimes desapareciam à medida que os participantes começavam a alargar a criação da dança com as suas próprias sequências. A vantagem deste tipo de andaimes numa conferência é que todos têm a oportunidade de fornecer andaimes ou de os receber. À medida que os participantes avançavam para workshops sucessivos, formaram-se novos grupos com diferentes conjuntos de conhecimentos prévios. A tarefa consistia então em construir sobre essa base de conhecimentos, colaborando para aprender novas sequências e depois expandir essa base, acrescentando outro conjunto de elementos de dança.

Desafios e vantagens dos andaimes

Tal como acontece com qualquer outra teoria ou estratégia de aprendizagem, existem desafios e vantagens na utilização de andaimes. Compreender e comparar ambos ajudará o profissional da educação ou o formador na sua avaliação da utilidade das estratégias e técnicas, bem como permitirá um planeamento abrangente antes da implementação. Os desafios são reais, mas podem ser ultrapassados com um planeamento e uma preparação cuidadosos.

Desafios

- Demora muito tempo

- Falta de pessoal suficiente

- Potencial para uma avaliação incorrecta da zona de desenvolvimento proximal; o sucesso depende da identificação da área que está um pouco além, mas não demasiado além, das capacidades dos alunos

- Modelação inadequada dos comportamentos, estratégias ou actividades desejados porque o professor não considerou plenamente as necessidades, predilecções, interesses e capacidades individuais do aluno (por exemplo, não mostrar a um aluno como "clicar duas vezes" num ícone quando utiliza um computador)

- Os benefícios só serão plenamente atingidos se os instrutores forem devidamente formados

- Requer que o professor abandone o controlo à medida que o desvanecimento ocorre

- Falta de exemplos e conselhos específicos nas edições para professores dos manuais escolares

Ao avaliar os benefícios do scaffolding, é necessário considerar o contexto em que se pretende implementar as estratégias e técnicas. Além disso, é necessário conhecer os alunos e avaliar primeiro as suas necessidades específicas.

Benefícios

- Possível identificador precoce de sobredotação

- Fornece instrução individualizada

- Maior garantia de que o aprendente adquire a competência, os conhecimentos ou a capacidade pretendidos

- Fornece instrução diferenciada

- Proporciona eficiência - Uma vez que o trabalho está estruturado, orientado e as falhas foram reduzidas ou eliminadas antes do início, o tempo de trabalho é aumentado e a eficiência na conclusão da atividade é aumentada.

- Cria uma dinâmica - Através da estrutura fornecida pelos andaimes, os alunos passam menos tempo a procurar e mais tempo a aprender e a descobrir, o que resulta numa aprendizagem mais rápida

- Envolve o aluno

- Motiva o aluno a aprender

- Minimiza o nível de frustração do aluno

- Princípios do Ensino Eficaz: a principal vantagem do andaime é o facto de apoiar os dez princípios do ensino eficaz destacados no Resumo Executivo da Síntese da Investigação sobre os Princípios do Ensino Eficaz e a Conceção de Ferramentas de Qualidade para Educadores, de Ellis, Worthington e Larkin (n.d.). Estes dez princípios são:

  - Princípio 1: Os alunos aprendem mais quando estão ativamente envolvidos durante uma tarefa de instrução.

  - Princípio 2: As taxas de sucesso elevadas e moderadas estão correlacionadas positivamente com os resultados de aprendizagem dos alunos, e as taxas de sucesso baixas estão correlacionadas negativamente com os resultados de aprendizagem dos alunos.

  - Princípio 3: O aumento da oportunidade de aprender conteúdos está correlacionado positivamente com o aumento do desempenho dos alunos. Por conseguinte, quanto mais conteúdos forem abordados, maior será o potencial de aprendizagem dos alunos.

  - Princípio 4: Os alunos obtêm melhores resultados nas aulas em que passam a maior parte do tempo a serem diretamente ensinados ou supervisionados pelo professor.

- Princípio 5: Os alunos podem tornar-se independentes, aprendizes auto-regulados através de instrução deliberada e cuidadosamente estruturada.

- Princípio 6: As formas críticas de conhecimento associadas à aprendizagem estratégica são (a) conhecimento declarativo, (b) conhecimento processual, e (c) conhecimento condicional. Cada uma delas deve ser abordada para que os alunos se tornem aprendizes independentes e auto-regulados.

- Princípio 7: A aprendizagem é reforçada quando o ensino é apresentado de uma forma que ajuda os alunos a organizar, armazenar e recuperar conhecimentos.

- Princípio 8: Os alunos podem tornar-se mais independentes, aprendizes auto-regulados através de instrução estratégica.

- Princípio 9: Os alunos podem tornar-se aprendizes independentes e auto-regulados através de uma instrução explícita.

- Princípio 10: Ao ensinar a uniformidade dentro e entre disciplinas, os professores promovem a capacidade dos alunos para acederem a conhecimentos potencialmente relevantes em situações novas de resolução de problemas.

Cada um destes princípios pode ser apoiado (ver destaques a vermelho) com a utilização de andaimes. Nos nossos esforços para proporcionar as melhores oportunidades educativas a todos os nossos alunos, temos de continuar a investigar e a testar estratégias e técnicas de vanguarda, empregando simultaneamente os métodos experimentados e verdadeiros de uma prática eficaz.

Capítulo 4
Falar

A expressão oral é considerada a competência mais importante para os alunos de EFL. Com a crescente necessidade de comunicação internacional na era da informação, muitos estudantes de línguas frequentam aulas de línguas para melhorar a sua capacidade de falar. Embora muitos alunos dominem as competências básicas de expressão oral, alguns alunos são muito mais eficazes na sua comunicação oral do que outros. E aqueles que são comunicadores mais eficazes têm mais sucesso na escola e noutras áreas das suas vidas. De acordo com Folse (2006), para a maioria das pessoas, a capacidade de falar uma língua é sinónimo de conhecimento dessa língua, uma vez que a fala é o meio mais básico de comunicação humana. No entanto, falar numa segunda língua ou numa língua estrangeira tem sido frequentemente considerado como a mais exigente das quatro competências linguísticas. Falar uma língua é especialmente difícil para os aprendentes de línguas estrangeiras porque uma comunicação oral eficaz exige a capacidade de utilizar a língua de forma adequada nas interacções sociais. A diversidade na interação envolve não só a comunicação verbal, mas também elementos paralinguísticos do discurso, como o tom, a ênfase e a entoação (Seligson, 1997; Fulcher, 2003).

De acordo com Thornbury (2007), a interação falada envolve a produção e a negociação da linguagem de forma bastante diferente da forma como esta é utilizada na escrita. Os falantes e os ouvintes estão simultaneamente envolvidos na produção e no processamento das interacções faladas. Estão sujeitos a restrições de tempo, o que significa que têm de processar a linguagem à medida que avançam, sem oportunidade de voltar atrás e fazer alterações. Os oradores devem também ter em conta as relações com os outros, ajustando a sua linguagem de acordo com os significados que pretendem transmitir e respondendo aos sinais verbais e não verbais dos seus ouvintes. Muitas interacções faladas consistem em comentar acções ou acontecimentos imediatos, ou passar casualmente de um tópico para outro (Celce-Murcia, 2001; Richards e Renandya, 2002).

A maior parte dos estudos recentes sobre a expressão oral centrou-se nos padrões autênticos de expressão oral e na importância de utilizar materiais de expressão oral actualizados e reais (como Hughes, 2002; Timmis, 2002), mas não foi fornecido um acordo geral para as descrições da expressão oral e dos métodos, materiais e actividades.

Na perspetiva de Richards e Renandya (2002), as actividades comunicativas utilizadas nas aulas de CLT devem basear-se em materiais autênticos que tenham sido escritos para serem utilizados no mundo real. Estes materiais devem dar aos alunos a oportunidade de desenvolver estratégias para compreender a língua tal como ela é efetivamente utilizada. Além disso, as actividades comunicativas são frequentemente realizadas pelos alunos em pequenos grupos. A natureza da expressão oral faz parte da vida quotidiana de tal forma que a tomamos como um dado adquirido. No entanto, aprender a falar, seja numa língua materna ou noutra, implica desenvolver conhecimentos subtis e detalhados sobre porquê, como e quando comunicar, e competências complexas para produzir e gerir a interação, como fazer uma pergunta ou obter a vez. De acordo com Brown (2002), andar e falar são específicos de cada espécie.

A expressão oral em L2 tem ocupado uma posição peculiar ao longo de grande parte da história do ensino das línguas, e só nas últimas duas décadas começou a emergir como um ramo de ensino, aprendizagem e avaliação por direito próprio, raramente se centrando na produção de discurso oral (Bygate, 2002).

Graham-Marr (2004) mencionou muitas razões para nos concentrarmos na audição e na fala quando ensinamos inglês como língua estrangeira, entre as quais o facto de nós, enquanto seres humanos, aprendermos línguas através dos nossos ouvidos e da nossa boca há milhares e milhares de anos, há muito mais tempo do que nós, enquanto seres humanos, somos capazes de ler. Embora não seja um currículo definido na maior parte das escolas, a capacidade de expressão oral é uma competência fundamental para o sucesso de uma criança na vida.

Brown e Yule (1983) começaram a sua discussão sobre a natureza da língua falada fazendo uma distinção entre língua falada e língua escrita. Salientaram que, durante a maior parte da sua história, o ensino das línguas tem-se preocupado com o ensino da linguagem escrita. Esta linguagem é caracterizada por frases bem formadas que são integradas em parágrafos altamente estruturados. A língua falada, por outro lado, consiste em enunciados curtos, muitas vezes fragmentados, numa variedade de pronúncias. É frequente haver uma grande quantidade de repetições e sobreposições entre um falante e outro, e os falantes usam frequentemente referências não específicas. Brown e

Yule (1983) também salientou que a sintaxe pouco organizada, o uso de palavras e frases não específicas e o uso de complementos como "bem" e "ahuh" fazem com que a língua falada pareça menos densa em termos conceptuais do que outros tipos de linguagem, como a prosa expositiva. Sugeriram que, em contraste com o ensino da linguagem escrita, os professores preocupados com o ensino da linguagem falada devem confrontar-se com os seguintes tipos de questões:

- Qual é a forma adequada de linguagem falada para ensinar?

- Do ponto de vista da pronúncia, qual é um modelo razoável?

- Qual é a importância da pronúncia?

- É mais importante do que ensinar uma caligrafia correcta na língua estrangeira?

- Se sim, porquê?

- Do ponto de vista das estruturas ensinadas, será correto ensinar a língua falada como se fosse exatamente igual à língua escrita, mas com algumas "expressões faladas"?

- É correto ensinar as mesmas estruturas a todos os estudantes de línguas estrangeiras, independentemente da sua idade ou das suas intenções na aprendizagem da língua falada?

- Serão as estruturas descritas nas gramáticas padrão as estruturas que se espera que os nossos alunos produzam quando falam inglês?

- Como é que é possível dar aos alunos qualquer tipo de prática significativa na produção de inglês falado? (Brown e Yule, 1983, p. 3)

Brown e Yule (1983) também estabeleceram uma distinção útil entre duas funções linguísticas básicas. São elas a função transacional, que tem como principal objetivo a transferência de informação, e a função interaccional, em que o principal objetivo do discurso é a manutenção de relações sociais.

Nunan (1992) mencionou outra distinção básica quando se considera o desenvolvimento das capacidades de expressão oral: a distinção entre diálogo e monólogo. A capacidade de fazer uma apresentação oral ininterrupta é muito diferente de interagir com um ou mais falantes para fins transaccionais e interaccionais. Embora todos os falantes nativos possam usar a língua de forma interactiva, nem todos os falantes nativos têm a capacidade de falar extemporaneamente sobre um determinado assunto a um grupo de ouvintes. Brown e Yule (1983) sugeriram que a maior parte do ensino das línguas se preocupa com o desenvolvimento de competências em trocas interaccionais curtas, em que o aprendente só tem de fazer uma ou duas frases de cada vez.

A natureza interaccional da linguagem foi analisada por Bygate (1996), que distinguiu entre as competências percetivo-motoras, que dizem respeito à utilização correcta dos sons e das estruturas da língua, e as competências interaccionais, que envolvem a utilização das competências percetivo-motoras para fins de comunicação. As competências percetivo-motoras são desenvolvidas na aula de línguas através de actividades como diálogos modelo, prática de padrões, exercícios orais, etc. Bygate (1996) sugeriu que, em particular, os aprendentes precisam de desenvolver competências na gestão da interação, bem como na negociação do significado. A gestão da interação envolve aspectos como quando e como tomar a palavra, quando introduzir um tópico ou mudar de assunto, como convidar outra pessoa a falar, como manter uma conversa e assim por diante. A negociação do significado refere-se à capacidade de garantir que o interlocutor o compreendeu corretamente e que o interlocutor o compreendeu corretamente.

Nunan (1996) acrescentou que se pode aplicar a distinção entre bottom-up e top-down à expressão oral. A abordagem ascendente da oralidade sugere que os falantes começam com a unidade mais pequena da língua, ou seja, os sons individuais, e passam pelo domínio das palavras e das frases até ao discurso. A visão descendente, por outro lado, sugere que os falantes começam com as unidades maiores da língua, que estão inseridas em contextos significativos, e usam o seu conhecimento desses contextos para compreender e usar corretamente os elementos mais pequenos da língua. Nunan (1996) defende que uma comunicação oral bem sucedida deve envolver o desenvolvimento de:

- A capacidade de articular as características fonológicas da língua de forma compreensível;

- Domínio da acentuação, do ritmo, dos padrões de entoação; um grau aceitável de fluência;

- Competências transaccionais e interpessoais;

- Capacidade de fazer turnos de fala curtos e longos;

- Competências na gestão da interação;

- Competências de negociação do significado;

- Competências de escuta de conversação (as conversações bem sucedidas requerem bons ouvintes como

- bem como bons oradores);

- Competências para conhecer e negociar objectivos de conversação;

- Utilizar fórmulas de conversação e preenchedores adequados.

Brown (2001) afirmou que uma análise das questões actuais no ensino da comunicação oral ajudará a fornecer alguma perspetiva para considerações morais práticas como o seguinte discurso conversacional

Brown afirma que quando alguém lhe pergunta "Fala inglês?" está normalmente a insinuar: "É capaz de manter uma conversa razoavelmente fluente?" A referência de uma aquisição linguística bem sucedida é quase sempre a demonstração de uma capacidade de atingir objectivos pragmáticos através do discurso interativo com outros falantes. Os objectivos e os procedimentos para o ensino da conversação são extremamente diversos, dependendo do aluno, do professor e do contexto geral da turma. A investigação pedagógica recente sobre o ensino da conversação forneceu alguns parâmetros para o desenvolvimento de objectivos e técnicas.

No que diz respeito à avaliação da oralidade, Joiner e Jones (2003) afirmam que, entre as macrocompetências da língua, é amplamente reconhecido que a oralidade, particularmente numa segunda língua ou numa língua estrangeira, é a competência linguística mais difícil de avaliar. O método utilizado para avaliar as competências de comunicação oral depende do objetivo da avaliação. De acordo com Luoma (2004), são utilizados dois métodos para avaliar as competências de expressão oral. Na abordagem observacional, o comportamento do aluno é observado e avaliado discretamente. Na abordagem estruturada, o aluno é convidado a realizar uma ou mais tarefas específicas de comunicação oral. O seu desempenho na tarefa é então avaliado. A tarefa pode ser realizada num contexto individual - o aplicador do teste e um aluno - ou num contexto de grupo ou de turma. No presente estudo, adoptámos uma abordagem estruturada para entrevistar cada aluno individualmente no final do curso. Tanto as abordagens observacionais como as estruturadas utilizam uma variedade de sistemas de classificação. Uma classificação holística capta uma impressão geral do desempenho do aluno. Uma pontuação de traço primário avalia a capacidade do aluno para atingir um objetivo de comunicação específico - por exemplo, persuadir o ouvinte a adotar um determinado ponto de vista. As escalas analíticas registam o desempenho do aluno em vários aspectos da comunicação, como a apresentação, a organização, o conteúdo e a linguagem. Os sistemas de classificação podem descrever vários graus de competência ao longo de uma escala ou podem indicar a presença ou ausência de uma caraterística (Luoma, 2004).

Hughes (2002) considera que os resultados da análise do discurso e da análise contrastiva têm sido lentos para o ensino da oralidade, mas estão a ser cada vez mais abordados pelos linguistas aplicados. Shumin (2002) mencionou que a oralidade precisa de ser ensinada de forma explícita. Hughes (2002) também acrescentou que as abordagens de consciencialização não devem ser julgadas pela quantidade de discurso que os alunos produzem. Burns (2001) considera que o potencial contributo do ensino da oralidade fundamentou o ensino comunicativo das línguas (2001) e que o professor pode basear-se nas necessidades dos alunos e nos tipos de características discursivas de que necessitam.

Falar numa língua estrangeira sempre foi considerado a competência mais exigente a desenvolver nos aprendentes da língua-alvo, em comparação com outras competências como a audição, a leitura e a escrita. Isto deve-se, em parte, ao facto de envolver mais do que simplesmente conhecer as componentes linguísticas da língua. É claro que o conhecimento das componentes linguísticas, como o vocabulário e as estruturas gramaticais, parece ser essencial, mas não suficiente. O que distingue a expressão oral das outras competências é o facto de o falante precisar de ter acesso rápido a todos os conhecimentos relevantes necessários para produzir a linguagem apropriada em intervalos de tempo relativamente curtos, enquanto noutras competências os aprendentes têm normalmente tempo suficiente para fazer corresponder o input ao conhecimento existente, por exemplo, na leitura ou na escrita, ou para procurar as formas exactas para produzir a linguagem sem um destinatário imediato que pode estar à espera, mesmo que por vezes impaciente, de receber a linguagem, por exemplo, na escrita.

Chastain (1988) defende que falar uma língua envolve mais do que simplesmente conhecer os componentes linguísticos da mensagem, e desenvolver competências linguísticas requer mais do que a compreensão gramatical e a memorização de vocabulário. Professores e alunos chegam às aulas de línguas com atitudes, expectativas, interesses e necessidades conscientes ou subconscientes. Estes aspectos são especialmente relevantes para o estabelecimento de objectivos de curso para a expressão oral, que tende a receber a maior atenção e ênfase nos últimos anos e cujo desempenho tende a ser o mais dececionante, talvez porque as expectativas tenham sido elevadas para além dos níveis realistas (p. 270).

Como referiu Sivasubramaniam (2006), aqueles de nós que aprenderam uma língua estrangeira através da exposição à sua literatura estarão sempre dispostos a defender a sua primazia e eficácia no ensino de línguas estrangeiras. Isto é para sugerir que temos uma compreensão mais profunda do impacto positivo da literatura nas nossas dimensões afectivas e emocionais. Embora alguns professores ainda acreditem que ensinar Inglês como Língua Estrangeira implica concentrar-se apenas nos benefícios linguísticos, para que os seus alunos acabem por comunicar na língua-alvo, outros que integraram a literatura nos currículos aperceberam-se de que a literatura acrescenta uma nova dimensão ao ensino do EFL. Os contos, por exemplo, ajudam os alunos a aprender as quatro competências - ouvir, falar, ler e escrever - de forma mais eficaz, devido ao benefício motivacional incorporado nos contos. Além disso, com os contos, os professores podem ensinar aspectos literários, culturais e de pensamento de ordem superior (Erkaya, 2005).

Shumin (2002, pp. 204-205) argumentou que falar uma língua envolve mais do que conhecer os componentes linguísticos da mensagem e desenvolver competências linguísticas; por conseguinte, é necessário mais do que a compreensão gramatical e a memorização de vocabulário. Chastain (1988) afirmou que, como qualquer competência linguística, os aprendentes de línguas estrangeiras precisam de instruções explícitas para falar. Os estudantes de línguas precisam de aprender a falar a língua para poderem comunicar uns com os outros. Falar proporciona uma mudança de ritmo na rotina da sala de aula. Continuou a afirmar que ter oportunidades de falar a língua motiva os alunos a aprender durante as actividades de audição e leitura, a fim de aprenderem os elementos linguísticos de que poderão precisar no futuro para comunicar oralmente.

A expressão oral é o desempenho da competência do orador. Falar exige que os estudantes de línguas activem os seus conhecimentos para produzir uma mensagem. A audição e a leitura facilitam a expressão oral, na medida em que os alunos têm de aprender a compreender mensagens orais e escritas antes de as poderem produzir (Cohen, 1998).

Em suma, a revisão de diferentes estudos forneceu provas suficientes do papel significativo da capacidade de expressão oral, bem como do andaime na aprendizagem de línguas estrangeiras em termos da sua génese e da apresentação dos estudos de referência que definiram o campo. Este estudo pretende colmatar a lacuna relativa ao papel potencial das variedades de andaimes, tais como as interactivas e as interventivas, na melhoria da capacidade de expressão oral dos alunos de EFL.

Capítulo 5
Um estudo empírico

A fim de explorar o efeito de duas estratégias de andaime, ou seja, interventiva e interactiva, na capacidade de expressão oral dos alunos iranianos de EFL, foi sugerido um método experimental de investigação para recolher dados. Em relação ao objetivo deste estudo, foram considerados tratamentos, dois experimentais e um grupo de controlo. Os dados foram recolhidos através de um projeto experimental.

Para responder aos objectivos do estudo, foram colocadas as seguintes questões de investigação:

1. As estratégias de intervenção de andaimes têm algum efeito significativo na capacidade de expressão oral dos alunos iranianos de EFL?

2. As estratégias interactivas de andaimes têm algum efeito significativo na capacidade de expressão oral dos alunos iranianos de EFL?

A fim de responder às questões de investigação do estudo, foram formuladas as seguintes hipóteses:

1. As estratégias de intervenção de andaimes não têm qualquer efeito significativo na capacidade de expressão oral dos alunos iranianos de EFL.

2. As estratégias interactivas de andaimes não têm qualquer efeito significativo na capacidade de expressão oral dos alunos iranianos de EFL.

Participantes

Os participantes no estudo eram 90 estudantes iranianos de inglês como língua estrangeira (EFL) que estudavam inglês em institutos de língua inglesa de Parsayan localizados na cidade de Teerão. Foram seleccionados para participar neste estudo com base no seu desempenho no teste de proficiência em língua inglesa, ou seja, o Oxford Placement Test (OPT, 2007). A amostra que voluntariamente concordou em participar neste estudo era constituída por homens e mulheres que se inscreveram nos cursos de inglês da primavera e do verão de 2014. A sua intenção de aprender inglês era melhorar a sua proficiência em inglês. A faixa etária dos participantes variava entre 18 e 22 anos. Todos eles eram falantes nativos de persa. Possuíam um nível intermédio de proficiência na língua inglesa, uma vez que tinham passado no teste de colocação do instituto ou concluído com êxito o curso anterior.

Os participantes do estudo receberam instrução de expressão oral juntamente com outras componentes linguísticas no seu curso de inglês geral. Uma vez que o sexo dos sujeitos não era o foco do presente estudo, não foi aplicada qualquer variável de controlo para o sexo. Devido às percentagens desequilibradas de alunos do sexo masculino ($n = 36$) e do sexo feminino ($n = 54$) que estudam inglês no instituto de língua inglesa, no grupo de sujeitos que participaram neste estudo, o sexo feminino superou o masculino.

Instrumentos

Os instrumentos utilizados na presente investigação foram os seguintes

Teste de colocação de Oxford (OPT)

O primeiro instrumento utilizado neste estudo foi o Oxford Placement Test (OPT) (Lynda Edwards, 2007). A validade do teste é evidente. O teste de colocação de Oxford (OPT) foi utilizado para avaliar a proficiência linguística dos participantes. Também permitiu ao investigador ter uma melhor compreensão do nível (ou seja, elementar, pré-intermédio, intermédio) em que se encontravam os seus participantes. Este teste é composto por 70 itens, incluindo 10 itens de escolha múltipla e verdadeiro-falso para a leitura, 10 itens para a escrita e 50 itens de escolha múltipla para a utilização da língua. O tempo limite para responder às 50 perguntas de escolha múltipla e à tarefa de leitura é de 45 minutos e o tempo limite para a realização da tarefa de escrita é de aproximadamente 20 minutos.

Secção de Expressão Oral do Preliminary English Test (PET)

A secção de expressão oral do Preliminary English Test (PET) foi selecionada para o tratamento do estudo. A secção de expressão oral contém quatro partes. Cada candidato interage com o interlocutor. O interlocutor faz perguntas aos candidatos, à vez, utilizando perguntas padronizadas. As perguntas incluem a prestação de informações de carácter factual e pessoal. Os candidatos respondem a perguntas sobre circunstâncias actuais, experiências passadas e planos futuros. Na segunda tarefa, os candidatos interagem uns com os outros. São dados estímulos visuais aos candidatos para ajudar na tarefa de debate. O interlocutor organiza a atividade utilizando uma rubrica padronizada. Na terceira tarefa, é dada uma fotografia a cores a cada candidato e é-lhes pedido que falem sobre ela durante um minuto. As duas fotografias referem-se ao mesmo tema. A quarta tarefa é uma conversa geral. Os candidatos interagem uns com os outros. O tópico da conversa desenvolve o tema estabelecido na terceira tarefa. O interlocutor organiza a atividade utilizando uma grelha de avaliação padronizada.

Livro de texto

Nesta investigação, os investigadores escolheram o manual Top Notch 2, que é considerado um manual pré-avançado nos seus géneros. Por outras palavras, tendo em conta a natureza da conversação no manual dos alunos, foram planeadas pelo investigador e praticadas pelos alunos estratégias de andaime adequadas durante o estudo. Por uma questão de transparência, os alunos de inglês do grupo experimental experimentaram um conjunto de tarefas de produção que tentaram manter a língua como um verdadeiro instrumento de comunicação.

Imagens, cartazes, cartões de memória, modelos e brinquedos

Foram utilizados para apoiar a compreensão dos alunos. Ao utilizar estes materiais, o investigador usou diferentes andaimes visuais para fornecer apoio através de imagens visuais que tinham como objetivo tornar as instruções mais compreensíveis e também permitir que os alunos ouvissem palavras em inglês e as relacionassem com as imagens visuais.

Procedimento

A fim de investigar o efeito das estratégias interventivas e interactivas de andaimes na capacidade de expressão oral dos alunos de EFL, foi concebido um procedimento estruturado para recolher dados. O procedimento de tratamento foi realizado em 10 sessões durante o semestre de verão de 2013. O método de investigação utilizado neste estudo para recolher dados foi um verdadeiro método experimental com uma conceção de controlo pré-teste-pós-teste.

No início do estudo, foi administrado o OPT, a fim de manifestar a homogeneidade dos participantes em termos de proficiência na língua inglesa. O nível de proficiência linguística pretendido pelos participantes neste estudo era intermédio, pelo que, para garantir a homogeneidade dos participantes, foi administrado um teste de proficiência em inglês padrão, ou seja, o Oxford Placement test (Solutions). 104 alunos de EFL foram convidados a participar no teste de proficiência. A cada resposta correcta em perguntas de escolha múltipla e verdadeiro-falso foi atribuído +1 ponto e a cada resposta incorrecta foi atribuído 0 ponto. Neste teste, não foi considerada qualquer penalização para as respostas erradas. A pontuação total do teste foi de 70 pontos.

Catorze participantes não conseguiram atingir a pontuação mínima (39) para o nível intermédio e foram excluídos do conjunto dos participantes. Os participantes foram então distribuídos aleatoriamente por três grupos iguais: interactivos ($n = 30$), interventivos ($n = 30$) e de controlo ($n = 30$). Os grupos foram pré-testados por uma secção de expressão oral do PET, a fim de testar a capacidade de expressão oral dos participantes antes das sessões de tratamento. O pré-teste foi classificado por dois avaliadores.

Neste estudo, a precisão foi medida de acordo com Tavakoli e Rezazadeh (2014), que mediram uma oração dependente e pelo menos uma oração adicional. A oração dependente era aquela que continha um verbo finito ou não finito e a oração adicional era um sujeito, um objeto, um complemento ou um advérbio. A fluência foi medida com base em Wigglesworth e Storch (2007), que a mediram em termos do número médio de palavras, unidades T e orações por texto.

O desempenho de cada participante no pré-teste foi classificado e analisado com base nas escalas de classificação definidas, tal como acima referido, por dois avaliadores. Os resultados confirmaram que a fiabilidade das pontuações obtidas era de 0,98, o que demonstrava que o teste era fiável.

Em seguida, os participantes de cada grupo receberam o mesmo material, instrução de expressão oral, e o mesmo tempo foi gasto a ensinar a expressão oral em cada aula. Para conceber os tratamentos do presente estudo, o investigador analisou estudos anteriores relacionados com a conceção de tratamentos de andaimes, determinou o objetivo e o tempo necessário para administrar o tratamento e descreveu as actividades incluídas no tratamento.

No grupo do andaime interativo, os alunos foram expostos a actividades de andaime interativo concebidas pelo investigador e integradas nas lições seleccionadas do seu manual escolar. O investigador concebeu actividades de andaimes interactivos para cada lição. O objetivo era desenvolver a capacidade de expressão oral dos alunos. Além disso, os andaimes pedagógicos, cognitivos e psicológicos foram integrados nas actividades concebidas, a fim de ajudar e motivar os alunos a interagir durante o ensino da oralidade.

Em cada sessão, foi pedido aos alunos que falassem e fizessem algumas actividades em simultâneo, tais como classificar as questões, julgá-las e sequenciar os acontecimentos. Estas actividades exigiam que os alunos entrassem em diferentes graus de envolvimento cognitivo e diferentes graus de apoio pedagógico por parte do investigador. Foram utilizadas canções e rimas para motivar e ativar os participantes. As canções podem facilitar a aprendizagem da língua, uma vez que o seu carácter repetitivo facilita a aprendizagem da fala e das estruturas simples do inglês pelos alunos.

Foram utilizadas imagens, cartazes, cartões de memória, modelos e brinquedos para apoiar a compreensão dos alunos. Ao utilizar estes materiais, o investigador recorreu a diferentes andaimes visuais para fornecer apoio através de imagens visuais, com o objetivo de tornar as instruções mais compreensíveis e também de permitir que os alunos ouvissem palavras em inglês e as relacionassem com as imagens visuais.

Os assentos dos alunos estavam dispostos em forma de U, o que os ajudava psicologicamente. Criou uma atmosfera boa e confortável na sala de aula e facilitou a circulação dos alunos pela sala de aula, o que os tornou mais interactivos. Além disso, o investigador estava próximo da maioria dos alunos. Cantar, brincar e sentar-se no chão com os alunos também os apoiou psicologicamente.

No grupo de andaimes de intervenção, o professor proporcionou oportunidades flexíveis para os alunos utilizarem os seus conhecimentos, capacidades e estratégias em diferentes contextos e para diferentes objectivos. Foram utilizados oito elementos essenciais da instrução de andaimes de intervenção como directrizes gerais:

1. pré-envolvimento com os alunos
2. estabelecer um objetivo comum
3. diagnosticar ativamente as necessidades e a compreensão dos alunos
4. prestação de assistência personalizada
5. manter a prossecução do objetivo
6. dar feedback
7. controlo da frustração e do risco
8. assistir à interiorização, independência e generalização a outros contextos.

O investigador pretendia começar com o que os alunos já conseguiam fazer, ajudar e apoiar os alunos para que alcançassem rapidamente o sucesso, ajudar os alunos tímidos a serem como os outros, a saberem quando era altura de se retirarem, e ajudar os alunos a serem independentes quando dominavam a atividade. O investigador seguiu um quadro estruturado para utilizar os andaimes ao longo da aula. Os alunos foram preparados para realizar esta componente. Exemplos de actividades nesta componente foram: (recetivo) ouvir discurso gravado ou improvisado; leitura extensiva; ver filmes, TV, falar, jogos de comunicação, trocar informações e escrita criativa ou transacional Finalmente, os alunos foram bombardeados com uma variedade de exemplos, a fim de compreender plenamente a instrução. Exemplos disso foram a familiarização ou a aprendizagem de cor de cânticos, poemas, trava-línguas, provérbios, diálogos, canções, sketches ou peças de teatro, etc.

O grupo de controlo participou numa aula de expressão oral normal, com técnicas e estratégias de ensino habituais. O professor utilizou linguagem autêntica - a linguagem tal como é utilizada num contexto real - dando aos alunos uma notícia recente e um episódio de vídeo sobre acontecimentos recentes. Os professores deram as indicações necessárias aos alunos. Os alunos foram convidados a prever as frases dos episódios e produziram diferentes formas. O objetivo era dar ênfase ao processo de comunicação e não ao domínio das formas da língua. Os alunos tiveram oportunidade de expressar as suas ideias e opiniões, para além da sua resposta às actividades. Os erros dos alunos foram tolerados e vistos como um resultado natural do desenvolvimento do uso da língua na comunicação. Para todos os grupos do estudo, cada sessão durou 90 minutos.

Por último, os desempenhos dos grupos foram testados através da secção oral de uma outra versão do PET. Os grupos de estudo foram comparados entre si e o seu desempenho foi comparado com o seu desempenho primário. Os candidatos foram examinados em pares por dois examinadores. Um dos examinadores actuou como interlocutor e o outro como avaliador. O interlocutor dirigia o teste, enquanto o avaliador não participava na interação. Os examinadores mudavam de papel no decurso de uma sessão de exame, mas não durante o exame de um par. Havia vários "pacotes" de material que os examinadores podiam utilizar. O teste durava entre dez e doze minutos e era composto por quatro partes, concebidas para estimular a capacidade de expressão oral dos candidatos. Nos casos em que havia um número ímpar de candidatos num centro, a prova final de expressão oral consistia num grupo de três e não num par. O grupo de três testes não era uma opção para todos os candidatos, sendo utilizado apenas no último teste de uma sessão, quando necessário.

Resultados

No início do estudo, todos os participantes ($n = 104$) fizeram um teste de proficiência chamado Oxford Placement Test (Solutions). O objetivo do teste de proficiência era manifestar a homogeneidade do aluno ou mostrar se os conhecimentos de inglês dos alunos estão ao mesmo nível. A estatística descritiva pormenorizada do teste de proficiência é apresentada no Quadro 1.

Quadro 1

A frequência das classificações obtidas no teste de proficiência

		Frequency	Percent	Valid Percent
Valid	29	2	1.6	1.6
	31	3	2.2	2.2
	33	4	3.2	3.2
	35	5	4.6	4.6
	39	6	5.4	5.4
	40	5	4.6	4.6
	41	6	5.4	5.4
	42	4	3.2	3.2
	43	8	8.8	8.8
	44	9	9.8	9.8
	45	8	8.8	8.8
	46	7	6.2	6.2
	47	6	5.4	5.4
	48	8	8.8	8.8
	49	8	8.8	8.8
	50	5	4.6	4.6
	51	6	5.4	5.4
	53	4	3.2	3.2
	Total	104	100.0	100.0

De acordo com o Oxford Placement Test (Solutions) (2007), os alunos de nível intermédio são aqueles que obtêm uma classificação igual ou superior a 31 (em 50) na secção de gramática e vocabulário e igual ou superior a 8 (em 10) na secção de leitura. A pontuação total não deve ser inferior a 39. Como mostra a Tabela 1, 14 participantes não conseguiram atingir as pontuações pretendidas para o nível intermédio de proficiência linguística; por conseguinte, foram excluídos do estudo. Os participantes foram então distribuídos aleatoriamente em três grupos iguais de intervenção, interação e controlo para receberem os tratamentos.

A secção de expressão oral do PET foi selecionada como pré-teste para o presente estudo. O pré-teste foi administrado aos participantes dos três grupos, a fim de verificar os seus conhecimentos prévios de expressão oral no início do estudo. O pré-teste foi classificado de forma independente por dois professores experientes, de acordo com a escala de classificação do PET. As estatísticas descritivas relacionadas com as pontuações do pré-teste são apresentadas na Tabela 2.

Quadro 2

Estatísticas descritivas do desempenho dos grupos no pré-teste

			N	Minimum	Maximum	Mean	Std. Deviation
Pretest	Intervening	Rater 1	30	0	13	6.17	3.302
		Rater 2	30	1	13	6.13	3.371
	Interactive	Rater 1	30	1	11	5.70	2.891
		Rater 2	30	1	12	5.87	3.014
	Control	Rater 1	30	1	13	6.45	3.120
		Rater 2	30	1	12	6.20	3.562

Foi efectuado um coeficiente de correlação momento-produto de Pearson para testar a fiabilidade interavaliadores das classificações do pré-teste obtidas por dois avaliadores nos três grupos do estudo. Os resultados da correlação para o grupo intervencionado, como mostra a Tabela 3, confirmaram que existe uma relação significativa ($r = 0{,}98$, $p < 0{,}05$) entre as pontuações do pré-teste obtidas por dois avaliadores no grupo intervencionado.

Assim, a fiabilidade inter-avaliadores das pontuações do grupo de intervenção é altamente significativa.

Quadro 3

Fiabilidade inter-avaliadores do grupo de intervenção no pré-teste

		Pretest R (Rater 2)	Pretest R (Rater 1)
Pretest Intervening (Rater 2)	Pearson Correlation	1	.985[**]
	Sig. (2-tailed)		.000
Pretest Intervening (Rater 1)	Pearson Correlation	.985[**]	1
	Sig. (2-tailed)	.000	
	N	30	30
**. Correlation is significant at the 0.01 level (2-tailed).			

Os resultados de uma correlação de Pearson para o grupo interativo são apresentados na Tabela 4. Verificou-se que existe uma relação significativa ($r = 0,98$, $p < 0,05$) entre as classificações do pré-teste obtidas por dois avaliadores no grupo interativo. Assim, a fiabilidade interavaliadores das classificações do grupo interativo é altamente significativa.

Quadro 4

Fiabilidade inter-avaliadores do grupo interativo no pré-teste

		Pretest interactive (Rater 1)	Pretest interactive (Rater 2)
Pretest interactive (Rater 1)	Pearson Correlation	1	.986[**]
	Sig. (2-tailed)		.000
Pretest interactive (Rater 2)	Pearson Correlation	.986[**]	1
	Sig. (2-tailed)	.000	
	N	30	30
**. Correlation is significant at the 0.01 level (2-tailed).			

A fiabilidade interavaliadores das pontuações do pré-teste de expressão oral do grupo de controlo foi calculada utilizando um coeficiente de correlação de Pearson entre dois conjuntos de pontuações do pré-teste do grupo de controlo. Os resultados são apresentados no Quadro 5.

Quadro 5

		Pretest control group(Rater 1)	Pretest control group(Rater 2)
Pretest control group (Rater 1)	Pearson Correlation	1	.981**
	Sig. (2-tailed)		.000
Pretest control group(Rater 2)	Pearson Correlation	.981**	1
	Sig. (2-tailed)	.000	
	N	30	30
**. Correlation is significant at the 0.01 level (2-tailed).			

Os resultados de uma correlação de Pearson para o grupo de controlo mostraram que existe uma relação significativa ($r = 0,98$, $p < 0,05$) entre as pontuações do pré-teste obtidas por dois avaliadores no grupo de controlo. Assim, a fiabilidade interavaliadores das classificações no grupo de controlo também é altamente significativa.

A média (média aritmética) dos dois conjuntos de notas do pré-teste de escrita dos grupos intervencionado, interativo e de controlo foi calculada e considerada neste estudo. O quadro 6 fornece esta informação.

Quadro 6

Estatísticas descritivas do grupo de controlo e do grupo experimental no pré-teste

	N	Minimum	Maximum	Mean	Std. Deviation
Pretest Intervening (Mean)	30	.50	13	6.15	3.325
Pretest Interactive (Mean)	30	1	11.5	5.78	2.941
Pretest Control (Mean)	30	1	12.5	6.32	3.341

Como mostra a média das pontuações na Tabela 6, foram encontradas poucas diferenças entre as pontuações dos dois avaliadores do pré-teste. Para provar a normalidade das pontuações do pré-teste, foi efectuado outro procedimento estatístico, nomeadamente o teste de Kolmogorov-Smirnov de uma amostra. Os resultados são apresentados na Tabela 7.

Quadro 7

Kolmogorov-Smirnov de uma amostra do pré-teste

		Pretest Intervening (Mean)	Pretest Interactive (Mean)	Pretest Control (Mean)
N		30	30	30
Normal Parameters[a,b]	Mean	5.7833	6.1500	6.32
	Std. Deviation	2.94104	3.32480	3.341
Most Extreme Differences	Absolute	.105	.078	.091
	Positive	.105	.069	.091
	Negative	-.074	-.078	-.059
Kolmogorov-Smirnov Z		.575	.426	.496
Asymp. Sig. (2-tailed)		.895	.994	.966

a. Test distribution is Normal.

b. Calculated from data.

Como mostra a Tabela 7, as diferenças mais extremas entre as pontuações não são significativas. O nível de significância medido para os grupos de intervenção, interativo e de controlo foi de 0,89, 0,99 e 0,96; foi superior ao nível de significância assumido (ou seja, 0,05); assim, pode concluir-se que não houve diferença significativa entre a distribuição observada das classificações seleccionadas do pré-teste e que as classificações têm uma distribuição normal.

Para garantir que não há diferenças significativas entre os três grupos no que respeita às suas capacidades de expressão oral, foi efectuada uma ANOVA unidirecional. Os resultados são apresentados na Tabela 8.

Quadro 8

ANOVA sobre o pré-teste

Pretest	Sum of Squares	Df	Mean Square	F	Sig.
Between Groups	6.648	2	3.324	.985	.377
Within Groups	344.343	88	3.376		
Total	350.990	90			

Os resultados, tal como indica a Tabela 8, mostram que não existe qualquer diferença significativa ($F = 0,98$, $p > 05$) entre as classificações do pré-teste dos três grupos de participantes.

Para determinar os efeitos dos três tipos de instrução nos alunos, cada grupo foi submetido a um teste de expressão oral que funcionou como pós-teste. A estatística descritiva dos resultados dos três grupos é apresentada na Tabela 9.

Quadro 9

Estatísticas descritivas do desempenho dos grupos no pós-teste

			N	Minimum	Maximum	Mean	Std. Deviation
Posttest	Intervening	Rater 1	30	9.00	20.00	15.56	3.71
		Rater 2	30	9.00	21.00	15.73	3.72
	Interactive	Rater 1	30	11.00	23.00	19.70	2.80
		Rater 2	30	11.00	23.00	19.46	2.92
	Control Group	Rater 1	30	8.00	15.00	9.33	4.373
		Rater 2	30	8.00	16.00	9.80	4.536

A fiabilidade inter-avaliadores do desempenho do grupo de intervenção em O valor do pós-teste foi calculado por meio da correlação de Pearson. Os resultados da análise estatística são apresentados na Tabela 10.

Quadro 10

Fiabilidade inter-avaliadores do grupo de intervenção no pós-teste

		Intervening (Rater 1)	Intervening (Rater 2)
Intervening (Rater 1)	Pearson Correlation	1	.995**
	Sig. (2-tailed)		.000
	N	30	30
Intervening (Rater 2)	Pearson Correlation	.995**	1
	Sig. (2-tailed)	.000	
	N	30	30

**. Correlation is significant at the 0.01 level (2-tailed).

Os resultados da correlação de Pearson confirmaram a existência de uma fiabilidade interavaliadores forte e significativa ($r = 0{,}99$, $p < 0{,}05$) das pontuações de fala pós-teste dos participantes do grupo de intervenção.

O mesmo procedimento foi utilizado para testar a fiabilidade inter-avaliadores do grupo interativo. Os resultados são apresentados no Quadro 11.

Quadro 11

Fiabilidade inter-avaliadores do grupo interativo no pós-teste

		Interactive (Rater 1)	Interactive (Rater 2)
Interactive (Rater 1)	Pearson Correlation	1	.990**
	Sig. (2-tailed)		.000
	N	30	30
Interactive (Rater 2)	Pearson Correlation	.990**	1
	Sig. (2-tailed)	.000	
	N	30	30
**. Correlation is significant at the 0.01 level (2-tailed).			

Os resultados sugerem que existe uma correlação forte e significativa ($r = 0,99$, $p < 0,05$) entre as pontuações dos dois avaliadores no pós-teste do grupo interativo.

A fiabilidade inter-avaliadores do desempenho do grupo de controlo no pós-teste foi calculada através da correlação de Pearson. Os resultados da análise estatística são apresentados na Tabela 12.

Quadro 12

Fiabilidade inter-avaliadores do grupo de controlo no pós-teste

		Posttest Control Group (Rater 1)	Posttest Control Group (Rater 2)
Posttest Control Group (Rater 1)	Pearson Correlation	1	.989**
	Sig. (2-tailed)		.000
	N	30	30
Posttest Control Group (Rater 2)	Pearson Correlation	.989**	1
	Sig. (2-tailed)	.000	
	N	30	30
**. Correlation is significant at the 0.01 level (2-tailed).			

Os resultados de uma correlação de Pearson para o grupo de controlo mostraram que existe uma relação significativa ($r = 0,98$, $p < 0,05$) entre as pontuações do pós-teste obtidas por dois avaliadores no grupo de controlo. Assim, a fiabilidade interavaliadores das classificações no grupo de controlo também é altamente significativa.

A média das pontuações de dois avaliadores nas pontuações do pós-teste de cada grupo foi considerada para a análise final. Os pormenores são ilustrados na Tabela 13.

Quadro 13

Estatísticas descritivas do grupo de controlo e do grupo experimental no pós-teste

	N	Minimum	Maximum	Mean	Std. Deviation
Posttest Intervening (Mean)	30	9	20.5	15.65	3.71
Posttest Interactive (Mean)	30	11	23	19.58	2.85
Posttest Control (Mean)	30	8	15.5	9.56	4.44

Para comprovar a normalidade dos resultados do pós-teste, foi efectuado um teste de Kolmogorov-Smirnov de uma amostra. Os resultados são apresentados no Quadro 14.

Quadro 14

Kolmogorov-Smirnov de uma amostra do pós-teste

		Intervening	Interactive	Control group
N		30	30	30
Normal Parameters[a,b]	Mean	15.6500	19.5833	9.5667
	Std. Deviation	3.71193	2.85598	4.44261
Most Extreme Differences	Absolute	.170	.190	.185
	Positive	.105	.132	.185
	Negative	-.170	-.190	-.168
Kolmogorov-Smirnov Z		.931	1.041	1.013
Asymp. Sig. (2-tailed)		.351	.229	.256
a. Test distribution is Normal.				
b. Calculated from data.				

Como mostra a Tabela 14, as diferenças mais extremas entre as pontuações não são significativas. O nível de significância medido para os grupos interveniente, interativo e de controlo foi de 0,35, 0,22 e 0,25; foi superior ao nível de significância assumido (ou seja, 0,05); assim, pode concluir-se que não houve diferença significativa entre a distribuição observada das classificações seleccionadas do pós-teste e que as classificações têm uma distribuição normal.

Para testar a primeira hipótese nula do estudo, que consiste em saber se as estratégias de intervenção de andaimes têm algum efeito significativo na capacidade de expressão oral dos alunos iranianos de EFL, foi realizado um teste t de amostras emparelhadas entre as pontuações do pré-teste e do pós-teste do grupo interveniente. Os resultados são apresentados no Quadro 15.

Quadro 15

Teste t de amostras emparelhadas entre o pré-teste e o pós-teste do grupo intervencionado

		Paired Differences					t	df	Sig. (2-tailed)
		Mean	Std. Deviation	Std. Error Mean	95% Confidence Interval of the Difference				
					Lower	Upper			
Pair 1	Pretest - Posttest Intervening	-9.50000	1.13715	.20761	-9.92462	-9.07538	-45.758	29	.000

Os resultados do teste t de amostras emparelhadas indicaram que existe uma diferença significativa ($t = 45,75$, $p < .05$) entre o desempenho dos participantes do grupo de intervenção no pré-teste e no pós-teste. Por outras palavras, a estratégia de intervenção de andaimes provocou progressos na capacidade de expressão oral dos alunos. Esta é uma forte evidência para rejeitar a primeira hipótese nula do estudo.

Para investigar a segunda hipótese nula do estudo, que consiste em saber se as estratégias interactivas de andaimes têm algum efeito significativo na capacidade de expressão oral dos alunos iranianos de EFL, foi realizado outro teste t de amostras emparelhadas entre o pré-teste e o pós-teste do grupo interativo. Os resultados são apresentados no Quadro 16.

Quadro 16

Teste t de amostras emparelhadas entre o pré-teste e o pós-teste do grupo interativo

		Paired Differences					t	df	Sig. (2-tailed)
		Mean	Std. Deviation	Std. Error Mean	95% Confidence Interval of the Difference				
					Lower	Upper			
Pair 1	Pretest - Posttest Interactive	-13.8000	1.25671	.22944	-14.2692	-13.3307	-60.14	29	.000

Os resultados do teste t de amostras emparelhadas revelaram que existe uma diferença significativa ($t = 60{,}14$, $p < .05$) entre o desempenho dos participantes do grupo interativo no pré-teste e no pós-teste. Por outras palavras, as estratégias interactivas de andaimes melhoraram a capacidade de expressão oral dos alunos de EFL. Esta é uma forte evidência para rejeitar a segunda hipótese nula do estudo.

Finalmente, a fim de examinar a terceira hipótese nula do estudo, que consiste em saber se existe alguma diferença significativa entre as estratégias interventivas e interactivas de andaimes no seu efeito sobre a capacidade de expressão oral dos alunos de EFL, foi calculado um teste t para amostras independentes entre as pontuações do pós-teste dos grupos interactivos e interventivos. Os resultados são apresentados no Quadro 17.

Quadro 17

Teste t de amostras independentes entre os resultados do pós-teste dos grupos interativo e interveniente

		Independent Samples Test							
		Levene's Test for Equality of Variances		t-test for Equality of Means					
		F	Sig.	t	df	Sig. (2-tailed)	Mean Difference	Std. Error Difference	95% Confidence Interval of the Difference
									Lower / Upper
Scaffolding Strategies	Equal variances assumed	6.060	.017	-4.60	58	.000	-3.93333	.85508	-5.644 / -2.221

Os resultados do teste t de amostras independentes mostraram que houve uma diferença significativa entre o desempenho dos grupos intervenientes e interactivos (t = 4,60, p < 0,05) no pós-teste, de tal forma que o grupo interativo teve um desempenho superior no pós-teste. Assim, a terceira hipótese nula do estudo não foi aceite.

Conclusão

A oralidade é um processo interativo entre o orador e o texto oral, bem como a interação entre estratégias ascendentes e descendentes. Os resultados deste estudo apoiam a utilização de estratégias de andaime na oralidade, uma vez que permitem aos alunos compreender mais informação, associá-la a outras ideias e incorporar novas ideias nos seus conhecimentos prévios. Por conseguinte, quando a informação é descodificada através da utilização de técnicas de andaime, a aprendizagem será mais fácil.

É necessário que os professores de EFL estejam familiarizados com as mais recentes abordagens de ensino de competências em línguas estrangeiras. Uma das estratégias que parece ser útil em contextos educativos é o scaffolding. No entanto, não foi efectuada uma quantidade significativa de investigação sobre este assunto. Os resultados deste estudo confirmam a utilidade das estratégias de andaimes, especialmente do tipo interativo, no domínio da expressão oral. O sucesso do andaime pode dever-se a duas razões notáveis: em primeiro lugar, a sua eficácia nos processos de aprendizagem da língua e, em segundo lugar, o seu papel na criação de um contexto diferente e inovador de aprendizagem de línguas em comparação com os tradicionais, tanto para os alunos como para os professores. Isto, por sua vez, pode trazer muitos benefícios para os contextos de ELT. Os resultados desta investigação podem motivar outros investigadores a analisar outras dimensões da expressão oral através de andaimes.

Pode inferir-se dos resultados deste estudo que a utilização de estratégias de andaime pode contribuir para poupar tempo e energia, uma vez que resume a informação. A utilização de andaimes interactivos, ao contrário dos interventivos, cuja utilização se limita a uma fase específica do ensino da oralidade, pode ser utilizada em diferentes fases do ensino da oralidade.

Este estudo revelou que a capacidade global de expressão oral dos alunos de EFL melhorou significativamente depois de terem sido treinados para utilizar estratégias de andaimes. O presente estudo preencheu uma lacuna sobre a eficácia de duas estratégias de ensino de andaimes na oralidade. Esta pedagogia interactiva permite que os alunos de EFL pratiquem e utilizem formas linguísticas num contexto mais comunicativo. Em suma, as estratégias interactivas e de intervenção de andaimes são identificadas como os principais veículos para ajudar os alunos de EFL a melhorar a sua capacidade de expressão oral.

Implicações

Do ponto de vista teórico, este estudo apresentou duas técnicas de instrução do ensino da oralidade em língua estrangeira, que estão de acordo com as teorias de aprendizagem de uma segunda língua que destacam o papel do andaime na aprendizagem de línguas. Neste contexto, a instrução baseia-se em atrair a atenção dos aprendentes para um contexto interativo específico fornecido pelo professor. A natureza interactiva do andaime proporciona um equilíbrio na aprendizagem da língua e provou ser uma forma segura de melhorar a capacidade de falar. A utilização destas técnicas de ensino foi caracterizada como uma forma eficaz de aprender a falar para os alunos de EFL, uma vez que são contextualizadas, proporcionam sentidos profundos de utilização da língua e são baseadas na sala de aula do aluno, uma vez que a compreensão oral é o resultado dos esforços do aluno.

Os resultados deste estudo têm implicações importantes e úteis para os professores. O andaime fornece aos professores tanto o nível de desempenho atual dos alunos como o seu potencial de aprendizagem. Podem prescrever diferentes planos de aprendizagem individuais para alunos com diferentes necessidades de aprendizagem. Por outras palavras, dois alunos com as mesmas pontuações não dinâmicas, mas com um potencial de aprendizagem alto e baixo, podem ser tratados de forma diferente. O aluno com um baixo potencial de aprendizagem deve dispor de estratégias de aprendizagem e de processamento de informação; do mesmo modo, o professor pode preparar planos diferentes para cada aluno.

Os resultados deste estudo levam-nos a acreditar mais na necessidade de criar situações nas aulas de línguas que incentivem a utilização de andaimes. Nas aulas de línguas, especialmente no Irão, nem sempre há oportunidades de ter uma metodologia baseada em andaimes. Tendo este ponto positivo nas nossas aulas, parece razoável aproveitar esta oportunidade para ter melhores alunos e professores de línguas.

Atualmente, os professores de línguas no Irão não estão completamente familiarizados com as formas de utilizar os andaimes durante as aulas. Os resultados deste estudo podem ser úteis e informativos para os criadores de programas de estudo e de materiais. Sugere-se que os criadores de materiais utilizem os tipos de materiais que incentivam a utilização de andaimes nas aulas.

As conclusões deste estudo devem ser incorporadas nos cursos de formação de professores, uma vez que a cognição dos professores antes de entrarem em serviço é em parte, se não totalmente, moldada pelos cursos de formação de professores. Assim, os formadores de professores devem estar a par das teorias e ideias actuais sobre o ensino das línguas para não ensinarem técnicas de ensino erradas ou ultrapassadas aos seus formandos. Os professores devem aprender a empregar técnicas que tenham sido concebidas para utilizar os andaimes de uma forma correcta.

Referências

Applebee, A. N., & Langer, J. A. (1983). Instructional Scaffolding: Reading and Writing as Natural Language Activities. Language Arts, 60/2.

Banaszynski, J., (2000). Ensinar a Revolução Americana: Scaffolding to Success. *Education World: O Melhor Amigo do Educador*. Recuperado em 1 de novembro de 2002, de http://www.educationworld.com/a curr/curr218.shtml.

Benson, B. (1997). Scaffolding (Coming to Terms). English Journal, 86(7), 126-127.

Berk, L. (2002). *Child development (5ª Ed)*. Boston: Allyn and Bacon.

Brown, H. D. (2001).Teaching by Principles: An Interactive Approach to Language Pedagogy. White Plains, NY: Longman

Brown, H. D. (2002). Uma abordagem interactiva à pedagogia das línguas. (2rded).White plains, NY: Pearson Production.

Brown, G., & Yule, G. (1983).Teaching the Spoken Language. Cambridge: Cambridge University Press.

Burns, A. (1992). As crenças dos professores e a sua influência na prática da sala de aula. Prospect, 7(3), 56-65.

Burns, A. A & Seidlhofer, B. (2002). Fala e pronúncia. Em Schmitt, N. (Ed). An introduction to applied linguistics. New York: ARNOLD.

Bygate, M. (1996). Effects of task repetition: appraising the developing language of learners. Em J. Williams & D. Williams (Eds), *Challenge and Change in language teaching* (pp.134-146). Londres: Heinemann,

Bygate, M. (2002). Speaking. Em C., Roland & D., Nunan (Eds). *Teaching English to speakers of other languages*. Cambridge: Cambridge University Press.

Celce-Murcia, M. (2001). *Ensino de inglês como segunda língua ou língua estrangeira. (3ª ed).* Los Angeles: Heinle & Heinle.

Chaney, A.L., e T.L. Burk. 1998. *Teaching Oral Communication in Grades K-8 (Ensino da comunicação oral nos graus K-8).* Boston: Allyn & Bacon.

Chastain, K. (1988). *Developing second language skills: Theory and practice (3ª edição).* Estados Unidos da América: Harcourt Brace Jovanovich, Inc.

Cohen, A. (1996). Desenvolver a capacidade de realizar actos de fala. *Studies in Second Language Acquisition, 18*(2), 253-267.

De Guerrero, M., & Villamil, O. S. (2000). Activating the ZPD Mutual scaffolding in L2 peer revision. *The Modern Language Journal, 84,* 5168.

Erkaya, O. R. (2005). Benefits of Using Short Stories in the EFL Context. Asian EFL Journal. Recuperado em 29 de agosto de 2007, de www.asian-efl- jomal.com/pta nov ore.pdf

Ewald, J. D. (2005). Episódios relacionados com a língua num contexto de avaliação: A 'small-group quiz'. *Canadian Modern Language Review, 61,* 565-586.

Ferris, D., & Tagg, T. (1996). Necessidades de comunicação oral académica dos alunos de EAP: O que os instrutores da disciplina realmente exigem. *TESOL Quarterly, 30*(1), 31-58.

Florez, M. A. C. (1999). Melhorar a capacidade de expressão oral dos alunos adultos de inglês. Washington, DC: Clearinghouse for ESL Literacy Education. (ERIC Document Repro-duction Service No. EDO-LE-99-01)

Folse, K. (2006). *A arte de ensinar a falar.* Michigan: Michigan University Press.

Fulcher, G. (2003). *Testing second language speaking.* New York: Pearson Longman.

Graham-Marr, A. (2004). Ensinar competências para ouvir e falar. Recuperado em, abril, 9, 2009, de, http://www Abax . Co.jp/downloads/ extension/ETJ 2004.

Graham, S. & Macaro, E. (2008), Strategy Instruction in Listening for Lower-Intermediate Learners of French. *Language Learning, 58,* 747-783

Herber, H.,& Herber, J. (1993). *Teaching in Content Areas with Reading, Writing, and Reasoning (Ensino em Áreas de Conteúdo com Leitura, Escrita e Raciocínio).* Allyn and Bacon: Needham Heights, M.A.

Hogan, K., & Pressley, M. (1997). *Scaffolding Student Learning: Instructional Approaches and Issues.* Brookline Books, Inc.: Cambridge, M.A.

Huang, A. C. (2006). Uma investigação sobre a utilização de estratégias de comunicação em videoconferências interculturais: Um estudo de caso dos estudantes de inglês da Universidade de Tamkang. Tese de mestrado, Universidade de Tamkang, Taipei, Taiwan.

Huggins, G. E., & Edwards, R. (2011). Scaffolding to Improve Reading Comprehension and to Write a Scholarly Research Paper. *Revista Internacional de Humanidades e Ciências Sociais, 1*(16), 30-36.

Hughes, R. (2002). *Teaching and researching speaking,* Harlow, UK: Longman.

Jacobson, M. J., Maouri, C., Mishra, P., & Kolar, C. (1996). Learning with hypertext learning environments: Theory, design, and research. Journal of Educational Multimedia and Hypermedia, 5(3/4), 239-281.

Joiner, R., & Jones, S. (2003). Os efeitos do meio de comunicação na argumentação e no desenvolvimento do pensamento crítico. *International Journal of Educational Research,* 23 (4), pp. 39 861-871.

Kao, M., Lehman, J., & Cennamo, K. (1996). Scaffolding in hypermedia assisted instruction: Um exemplo de integração. Trabalho apresentado na reunião anual da Association for Educational Communications and Technology, Indianapolis, IN.

Lange,V. I. (2002)   InstructionalScaffolding   . Obtido de http://condor.Admin.Cuny.Edu/-qroup4/cano/cano% 20 paper. Doc em 6 de julho de 2010

Lantolf, J. P. & Poehner, M. E. (2003). Avaliação dinâmica do desenvolvimento da L2: Bringing the past into the future. *Journal of Applied Linguistics* 1, 49-74.

Lantolf, J., & Thorne, S. L. (2006). *Socio-cultural theory and the genesis of Second language development.* Oxford: Oxford University Press.

Larkin, M. (2002). Using scaffolded instruction to optimize learning (Utilizar a instrução em andaimes para otimizar a aprendizagem). Arlington, VA: ERIC Clearinghouse on Disabilities and Gifted Education.

Lee, J. F., & Van Patten, B. (1995). Making communicative lan-guage teaching happen.New York: McGraw-Hill, Inc

Luoma, S. (2004). Assessing speaking. Nova Iorque, Cambridge University Press.

Mehrani, M., & Modarresi, G. H. (2011). The Nature of Interactive and Intervening Strategies in Scaffolding EFL Reading Skill. Volume 7-1

Mohan, B., & Beckett, G. H. (2003). A functional approach to research on content-based language learning: Recasts in causal explanations. *The Modern Language Journal, 87,* 421-432

Morelock, M. J., Brown, P. M., & Morrissey, A. (2003). Pretend Play and Maternal Scaffolding: Comparisons of Toddlers With Advanced Development, Typical Development, and Hearing Impairment (Comparações entre crianças com desenvolvimento avançado, desenvolvimento típico e deficiência auditiva). *Roeper Review, 26*(1), 41-51.

Nassaji, H., & Cumming, A. (2000). What's in a ZPD? Um estudo de caso de um jovem estudante de ESL e de um professor que interagem através de diários de diálogo. *Language Teaching Research, 4* (2), 95-121.

Norris, J. A., & Hoffman, P. R. (1990). Language intervention within naturalistic environments. *Language, Speech, and Hearing Services in Schools, 21* (2), 72-84

Nunan, D. (1996). *Designing Tasks for the Communicative Classroom.* Cambridge: Cambridge University Press

O'Connor, R. E., Notari-Syverson, A., & Vadasy, P. F. (2005). *Ladders to literacy (Escadas para a literacia).* Baltimore, MD: Paul H. Brookes Publishing

Oxford, R. L. (1990). Estratégias de aprendizagem de línguas e mais além: Um olhar sobre as estratégias no contexto dos estilos. Em S.Mangan (Ed.), *shifting the instructional focus to the learner* (pp. 35-51). Middlebury, VT: Conferência do Nordeste sobre o Ensino de Línguas Estrangeiras.

Oxford, R. L., & Ehrman, M. E. (1995). As estratégias de aprendizagem de línguas dos adultos num programa intensivo de línguas estrangeiras nos Estados Unidos. *System, 23,* 359-386.

Oxford. R. L. & M. Nyikos. (1989). Variables affecting choice of language learning strategies by university students. *Modern Language Journal, 73*(3), 291-300

Poehner, M. E. & Lantolf, J. P. (2003) Dynamic assessment: a Vygotskian approach to evaluating and promoting learning in the L2 classroom

Poorahmadi, M. (2009).The Effect of Employing Scaffolding Strategies and Classroom Tasks in Teaching Reading Comprehension. *Journal of Teaching English as a Foreign Language and Literature, 1*(3), 87-106

Pressley, M., El-Dinary, P.B., Wharton-McDonald, R., & & Brown, R (1998). Instrução transacional de estratégias de compreensão nos graus elementares. Em D. H. Schunk & B. J. Zimmerman (Ed), *Self-Regulated Learning: From Teaching to Self-Reflective Practice.* New York: The Guilford Press

Rahimi, A., & Tahmasebi, S. (2010). Mediating Iranian EFL learners: private speech and Scaffolding in reading comprehension. Investigação e inovação linguística e literária alargada, 1,(2). 56-71.

Reichgerlt, H., Shadbolt, N.R., Paskiewicz, T., Wood, D.J., & Wood, H. (1993). EXPLAIN: sobre a implementação de sistemas de tutoria mais eficazes. Em A. Sloman, D. Hogg. G. Hhuphreys, D. Partridge & Ramsay (Eds), *prospects for artificial intelligence* (pp. 239-249). Amsterdam: IOS press

Richards, J. C. (2008). *Ensinar a ouvir e a falar: Da teoria à prática.* Nova Iorque, NY: Cambridge University Press.

Richard, J. C., & Renandya, W. A. (2002). *Methodology in language teaching.* Cambridge: Cambridge University Press.

Saye, J. W., & Brush, T. (2004). Scaffolding problem-based teaching in a traditional social studies classroom. *Teoria e Investigação em Educação Social, 32*(3), 349-378.

Seligson, P. (1997). *Ajudar os alunos a falar.* Richmond Publishing.

Shumin, K. (2002). Factores a considerar: Desenvolver a capacidade de expressão oral dos estudantes adultos de EFL. J.C. Richards, & W. A. Renandya (Eds.), *Methodology in language teaching* (pp. 204-211). Cambridge: Cambridge University Press.

Sivasubramaniam, S. (2006). Promoting the Prevalence of Literature in the Practice of Foreign and Second Language Education: Issues and Insights. Recuperado em 9 de outubro de 2016 de http://asian-efl-journal.com/Dec 06 ss.php

Swain, M., & Lapkin, S. (2000). Foco na forma através do diálogo colaborativo: Explorando os efeitos da tarefa. Em M. Bygate, P. Skehan, & M. Swain (Eds.), *Researching pedagogic tasks: Second language learning, teaching and testing.* Harlow, Reino Unido: Longman.

Thornbury, S. (2007). *How to teach speaking.* Pearson Longman.

Timmis, I. (2002). Normas do falante nativo e inglês internacional: A classroom view. *ELT Journal, 56,* 240-249

Turnbull, A., Turnbull, R., Shank, M., & Leal, D. (1999). *Vidas Excepcionais: Special Education in Today's Schools.* Prentice-Hall, Inc.: Upper Saddle River, N.J.

Ulanoff, S. H., & Pucci, S. L. (1999). Learning words from books: The effects of read-aloud on second language vocabulary acquisition. *Bilingual Research Journal, 23,* 409-422.

Van Der Stuyf, R. (2002). "Scaffolding as a Teaching Strategy". Data de acesso: 21 de fevereiro de 2009. http://condor.admin.ccny.cuny.edu/~group4/ [voltar]

Vygotsky, L. S. (1978). *A mente na sociedade: O desenvolvimento das competências superiores processos psicológicos.* Cambridge, MA: Harvard University Press.

Vygotsky, L. S. (1998). O problema da idade. Em R. W. Rieber (Ed.). *Psicologia da criança. Collected works of L. S. Vygotsky* (pp. 187-205). New York: Plenum. (Trabalho original publicado em 1932-1934)

Walqui, A. (2006). Scaffolding instruction for English language learners: a concetual framework. *Jornal Internacional de Educação Bilingue e Bilinguismo, 9* (2), 159-180

Wilder, D. L. (2003). Dança comunitária: Navigating the possible. Conselho Australiano de Dança. Recuperado em 31 de março de 2014 de http://canadacommunitydance.wordpress.com/2006/11/06/dance2in-the-landscape-navigating-the-possible/.

Williams, M. & Burden, R. L. (1997). *Psicologia para professores de línguas: A Social Constructivist Approach.* Cambridge: Cambridge University Press.

Wood D, Bruner J & Ross G (1976) The role of tutoring in problem-solving. *Journal of Child Psychology and Psychiatry 17*(2), 89-100

Wood, D. & Middleton, D. (1975) A study of assisted problem-solving. *British Journal of Psychology,* 66,2, p.182

Yelland, N. & Masters, J. (2007). Rethinking scaffolding in the information age, *Computers & Education, 48,* 362-382.

Zhao, R., & Orey, M. (1999). O processo de scaffolding: Concepts, features, and empirical studies. Manuscrito não publicado. Universidade da Geórgia.

Buy your books fast and straightforward online - at one of world's fastest growing online book stores! Environmentally sound due to Print-on-Demand technologies.

Buy your books online at
www.morebooks.shop

Compre os seus livros mais rápido e diretamente na internet, em uma das livrarias on-line com o maior crescimento no mundo! Produção que protege o meio ambiente através das tecnologias de impressão sob demanda.

Compre os seus livros on-line em
www.morebooks.shop

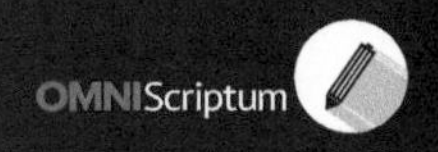

Printed by Books on Demand GmbH, Norderstedt / Germany